五年制高职专用教材

金融类专业

商业银行经营管理

■ 主编　赵星星

中国教育出版传媒集团
高等教育出版社·北京

内容简介

本书根据商业银行主营业务和管理要求，结合商业银行岗位工作标准和工作流程编写。

本书按照商业银行实际工作内容及工作流程，采用微视频进行情境引入，引导学生以岗位角色的身份探索学习，加入二维码等信息化资源让学生在学习中拓展学习的宽度和广度，并且在课后进行思考和练习，强化学习效果。本书主要内容包括认识商业银行，商业银行的存款业务、贷款业务、结算业务、银行卡业务、证券投资业务、电子银行业务，商业银行风险及管理，商业银行客户关系管理。整个教材体系由浅入深、通俗易懂，具有较强的可读性、可操作性。

本书配套微视频、扩展阅读等学习资源，可扫描书中的二维码进行查看，随时随地获取学习内容，享受立体化阅读体验。本书还配套电子教案、演示文稿等辅教辅学资源，请登录高等教育出版社 Abook 新形态教材网（https://abooks.hep.com.cn）获取相关资源。详细使用方法见本书最后一页“郑重声明”下方的“学习卡账号使用说明”。

本书既可作为职业院校金融专业及财经类相关专业教学用书，也可作为商业银行从业人员岗位培训或继续教育教学用书。

图书在版编目（CIP）数据

商业银行经营管理 / 赵星星主编. -- 北京 ： 高等教育出版社，2024.5
金融类专业
ISBN 978-7-04-062056-6

Ⅰ. ①商… Ⅱ. ①赵… Ⅲ. ①商业银行－经营管理－高等职业教育－教材 Ⅳ. ①F830.33

中国国家版本馆CIP数据核字（2024）第062396号

Shangye Yinhang Jingying Guanli

策划编辑 王 印
责任编辑 黄 静
封面设计 李卫青
版式设计 杨 树
责任绘图 马天驰
责任校对 刁丽丽
责任印制 耿 轩

出版发行 高等教育出版社
社 址 北京市西城区德外大街4号
邮政编码 100120
印 刷 山东韵杰文化科技有限公司
开 本 889mm×1194mm 1/16
印 张 13.5
字 数 230千字
购书热线 010-58581118
咨询电话 400-810-0598
网 址 http://www.hep.edu.cn
http://www.hep.com.cn
网上订购 http://www.hepmall.com.cn
http://www.hepmall.com
http://www.hepmall.cn
版 次 2024年5月第1版
印 次 2024年5月第1次印刷
定 价 38.50元

物 料 号 62056-00

出版说明

五年制高等职业教育（简称五年制高职）是指以初中毕业生为招生对象，融中高职于一体，实施五年贯通培养的专科层次职业教育，是现代职业教育体系的重要组成部分。

江苏是最早探索五年制高职的省份之一，江苏联合职业技术学院作为江苏五年制高职教育的办学主体，经过20年的探索与实践，在培养大批高素质技术技能人才的同时，在五年制高职教学标准体系建设及教材开发等方面积累了丰富的经验。“十三五”期间，江苏联合职业技术学院组织开发了600多种五年制高职专用教材，覆盖16个专业大类，其中178种被认定为“十三五”职业教育国家规划教材。学院教材工作得到国家教材委员会办公室认可并以“江苏联合职业技术学院探索创新五年制高等职业教育教材建设”为题编发了《教材建设信息通报》（2021年第13期）。

“十四五”期间，江苏联合职业技术学院依据“十四五”教材建设规划进一步提升教材建设与管理的专业化、规范化和科学化水平。一方面与全国五年制高职发展联盟成员单位共建共享教学资源，另一方面与高等教育出版社、凤凰职业教育图书有限公司等多家出版社联合共建五年制高职教材研发基地，共同开发五年制高职专用教材。

本套“五年制高职专用教材”以习近平新时代中国特色社会主义思想为指导，落实立德树人根本任务，坚持正确的政治方向和价值导向，弘扬社会主义核心价值观。本套教材依据教育部《职业院校教材管理办法》和江苏省教育厅《江苏省职业院校教材管理实施细则》等要求，注重系统性、科学性和先进性，突出实践性和适用性，体现职业教育类型特色；遵循长学制贯通培养的教育教学规律，坚持一体化设计，契合学生知识获得、技能习得的累积效应，结构严谨，内容科学，体例编排得当，适应五年制高职学生生理成长、心理成长、思想成长跨度大的特征，针对性强，是为五年制高职量身打造的专用教材。

江苏联合职业技术学院

教材建设与管理工作领导小组

2022 年 9 月

前言

近年来，我国加大金融支持实体经济、大力发展绿色金融、支持小微企业发展等多举措的推行力度，充分体现了商业银行在经济发展中的重要作用。在此背景下，商业银行更加迫切地需要适应产业新需求的高素质人才，本教材旨在培养适应新型商业银行经营管理需求的高素质、高技能应用型人才。

教材是课程教学的载体，在人才培养方面起着培根铸魂、启智增慧的作用。本教材具有以下特色：

一、校企合作，任务典型，与产业零距离

本教材由商业银行从业人员与职业院校专任教师共同编写，商业银行从业人员参与了教材编写的全过程。依照商业银行主营业务和管理要求分任务编写，在内容上按照商业银行实际工作内容及工作流程编写。商业银行提供新模式下的典型工作标准、工作案例，将商业银行真实业态反映在教材之中，拉近学生与产业的距离，零距离接触并掌握商业银行经营管理知识。

二、适应教学，平台资源，促进自主学习

为适应当前翻转课堂等促进学生自主学习的教学方法，本教材配套各类案例资料、拓展知识，以二维码等方式对教材内容进行补充和延伸，学生可以随时随地在各类终端上自主学习相关资源，拓展知识的广度与宽度。

三、信息化资源，代入感强，有效解决重难点

商业银行是特殊的金融企业，学生进入柜台等工作环境的实习机会较小，教材将各类任务情景、案例资源，以信息化的形式展现，能够让学生更加生动地看到实际场景下的任务情景。典型任务以动画的形式引入，引导学生以从业人员的身份完成学习任务。信息化形式具有更强的代入感，学生在岗位角色下认真投入探索学习，有效地解决了教学中的重难点。

四、紧跟业态，内容更新，符合行业前沿发展

随着商业银行智能化、电子化的发展，教材中对商业银行电子业务进行了详细的阐述，从电子业务的基础知识到当前主流的电子业务分别进行了编

写，教材反映了行业新变化，更加符合产业前沿发展。另外，教材中以二维码形式提供的学习资源，可以随时结合行业新变化进行调整，提升学生的发展后劲。

本教材将商业银行经营管理分为九个项目，由苏州旅游与财经高等职业技术学校赵星星编写第一、二、六、七章，由苏州旅游与财经高等职业技术学校徐懿编写第三、四章，由中国银行苏州分行汤冬明编写第五章，由苏州旅游与财经高等职业技术学校的占寰老师编写第八章，由江苏省吴中中等专业学校江琳老师编写第九章，本书在编写过程中，参阅了相关政策文件、中国人民银行网站资料、相关教材等资料，在此一并表示感谢。

教材中为促进学生自主学习，适应翻转课堂等教学方法，配套了情景任务视频、扩展阅读资料等教学资源，以二维码形式呈现，可在网络环境下“扫一扫”书中的二维码图片，获取相关教学资源。

随着大数据、人工智能、互联网技术的迅速发展，商业银行不断转型升级，我们将结合产业变化不断探索，本书编写中存在的不足之处，敬请读者批评指正，读者意见反馈信箱：zz_dzyj@pub.hep.cn。

编 者

2023 年 12 月

目录

第一章
认识商业银行

本章学习目标

了解商业银行的历史沿革及发展趋势。

理解商业银行的概念、性质、职能。

熟悉商业银行的内外部组织结构。

掌握商业银行的经营内容与经营原则。

本章知识思维导图

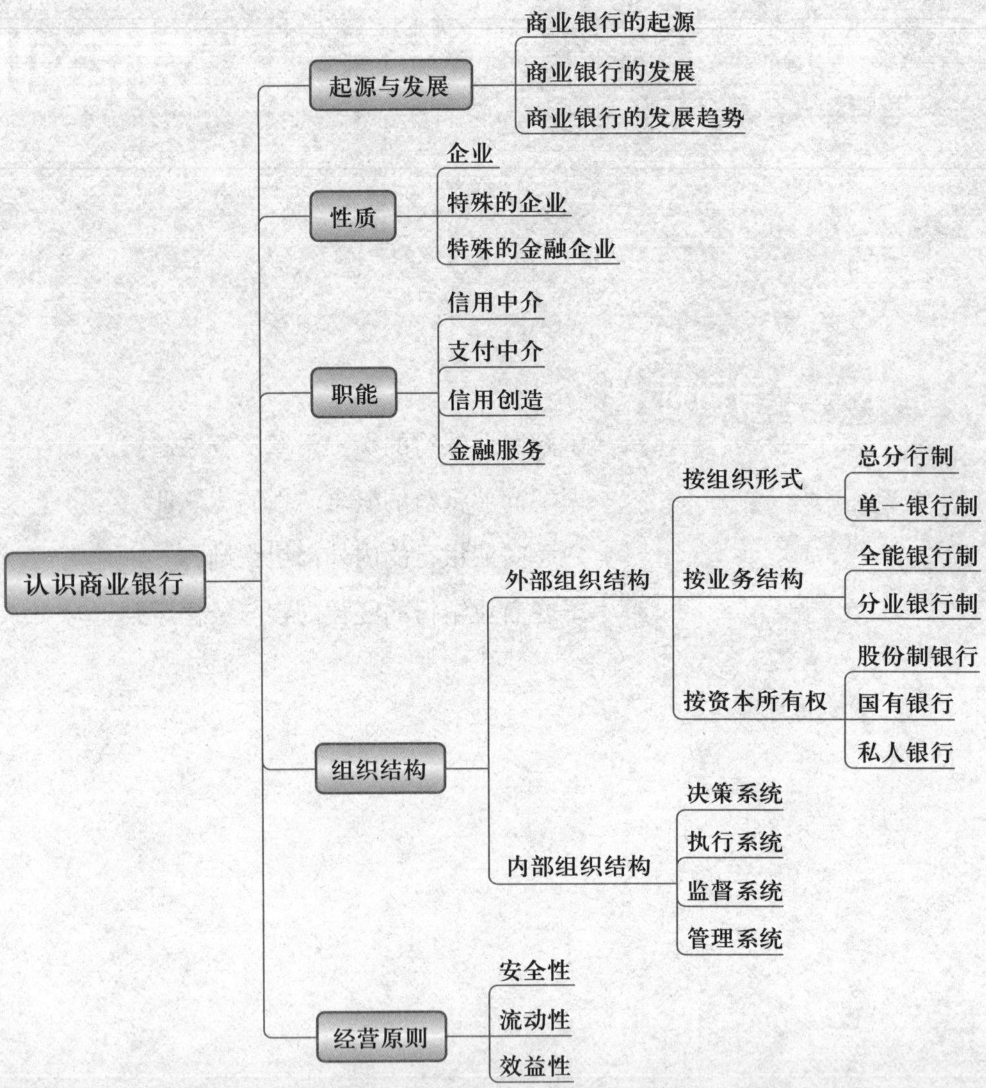

本章关键术语

商业银行　信用中介　支付中介　信用创造　总分行制　全能银行制　分业银行制　安全性　流动性　效益性

本章情境引入

情境引入微视频

在银行大厅中，几名职业院校金融专业学生由教师带领正在向营业室经理做实训报道，一名同学说："经理您好，我们正在学习"商业银行经营管理"这门课程，需要了解和熟知商业银行的相关知识，还需要能够按照各业务的工作流程、工作要点进行业务操作。"经理回答说："好的，从今天开始，请大家在老师以及我们银行的各岗位师傅的指导下认真学习，希望通过这门课大家能够掌握商业银行经营管理相关的知识和技能。"

第一节

商业银行的起源与发展

一、商业银行的起源

13 世纪后期，欧洲各国之间的贸易活动已经非常频繁，意大利更是凭借其优越的地理位置成为著名的世界贸易中心。各国商人携带本国货币兑换为威尼斯当地货币进行贸易往来，于是产生了收取手续费的货币兑换商，由于他们通常搬一条长板凳和桌子，坐在闹市区兑换货币，因此被当地人称为“banca”或“banco”，英语移植后变为 bank。随着贸易活动规模的增大，各国商人为了避免长途携带大量货币带来的不便和危险，产生了货币保管的需求，货币兑换商便增加了收取保管费的货币保管业务。随后，货币兑换商又开办了出纳、转账结算等业务，通过收取手续费为商人们办理货币收付、转账与结清债务，或为商人签发类似于银行汇票的汇兑文书，到指定处提取货币。随着货币保管业务量的不断增加，货币兑换商手中集聚了大量的货币，便将其以高利贷的形式借给急需货币的商人，赚取高额利息。由于高额利润的驱使，货币兑换商不再收取货币保管费用，而从原本被动为客户保管货币变为主动揽取货币保存等业务，逐渐具备了早期银行的形态。具有现代意义的早期银行成立时间如表 1.1 所示。

表 1.1　具有现代意义的早期银行成立时间一览表

年份	银行名称
1580	威尼斯银行
1593	米兰银行
1609	阿姆斯特丹银行
1619	汉堡银行
1621	纽伦堡银行
1688	斯德哥尔摩银行

随着资产阶级工业革命的兴起，工业发展对资金有了巨大的需求。1694年，英国政府为了和高利贷做斗争，以维护新生的资产阶级发展工商业的需要，决定成立一家股份制银行——英格兰银行，并规定英格兰银行需向工商企业发放贷款，英格兰银行的成立，标志着现代商业银行的产生。

我国明朝中叶以后，出现了专门从事钱币兑换的钱庄，兼做放款；清代产生的以办理汇兑业务为主的“票号”，也办理存放款业务，光绪年间，票号发展到全盛时期，全国各地经营机构达 414 家，到了清末，全国有 24 家官银钱号。但这些机构都有高利贷特征，不具有商业银行的性质。1897 年，清政府在上海设立的中国通商银行，是我国现代银行的开端。1912—1927 年新成立的各类私人银行多达 186 家。1927 年以后，民国政府直接控制的中央银行、中国银行、交通银行和农民银行，几乎垄断了中国的银行业。1948 年 12 月 1 日中国人民银行成立。改革开放后，随着社会主义市场经济体系的确立与逐步完善，我国的银行业得到了快速的发展。当前，我国已建立起与社会主义市场经济相适应、能够为各类市场经济主体服务的现代商业银行体系。

二、商业银行的发展

（一）商业银行的形成途径

西方国家商业银行产生的社会条件和发展环境虽各不相同，但归纳起来主要有以下两种途径。

1. 从旧的高利贷银行转变而来

早期的银行是在资本主义生产关系还未建立时成立的，当时的贷款利率非常高，属于高利贷性质。随着资本主义生产关系的建立，高利贷因利息过高影响资本家的利润，制约着资本主义的发展。此时的高利贷银行面临着贷款需求锐减的困境和关闭的可能。不少高利贷银行顺应时代的变化，降低贷款利率，转变为商业银行。这种转变是早期商业银行形成的主要途径。

2. 以股份公司形式组建而成

大多数商业银行是按照这一方式建立的。最早建立资本主义制度的英国，也最早建立了资本主义的股份制银行英格兰银行，当时的英格兰银行宣布，以较低的利率向工商企业提供贷款。由于新成立的英格兰银行实力雄厚，很快就动摇了高利贷银行在信用领域的地位，英格兰银行也因此而成为现代商业银行的典范。英格兰银行的组建模式很快被推广到欧洲其他国家，商业银行开始在世界范围内普及。

（二）商业银行的发展模式

由于各国经济制度存在差异，商业银行产生的条件不同，商业银行业务经营的范围和特点也存在一定的差异，但其发展基本上遵循以下两种模式。

1. 英国模式

英国是最早建立资本主义制度的国家，也是最早建立股份制的国家，企业需要的长期资金都是依靠资本市场募集的，企业在商品流转过程中只有遇到临时性资金短缺才会向银行短期贷款；另外，早期银行的主要资金来源为活期存款。因此，英国的商业银行贷款以短期商业性贷款为主。这种模式对商业银行来说保证了安全性，并能获得稳定的收入，但不利于拓展新的业务，使商业银行发展受到限制。

2. 德国模式

19 世纪中叶，德国工业高速发展，但德国资本主义制度建立比较晚，其国内资本市场落后，德国企业不仅需要银行提供短期流动资金贷款，还需要银行提供长期固定资产贷款，甚至要求银行参股。而德国银行为了巩固和企业的关系，还积极参与企业经营决策。与此适应，商业银行发放短期商业银行贷款提供资金周转，提供长期的固定资产贷款，甚至直接投资于企业股票与债券，替公司包销证券，参与企业决策，并向企业提供财务支持和财务咨询。这种模式对商业银行来说有利于银行开展全方位的业务经营活动，获取较高的盈利，但可能会增加银行的经营风险，对商业银行的经营管理水平提出了更高的要求。

三、商业银行的发展趋势

（一）运行线上化

线上化是指商业银行在虚拟的空间，完成商业银行与客户间所有的金融交易，线上化的银行将具有十分强大的功能，不仅具有物理网点所有的功能，而且具有线上银行功能的优势，客户将在线上完成所有的金融操作。

（二）业务数字化

大数据、区块链、人工智能、云计算、移动互联网、物联网、5G 等数字化技术将会嵌入业务的所有流程与节点。未来商业银行将成为各行业中数字技术运用最充分、最综合的机构，并在整个数字经济发展中起引领作用，推动着社会数字化经济程度的提升。数字化不仅仅是未来银行发展的驱动力，由此产生的数字还将成为重要资产和战略资源。

（三）管理智慧化

依赖金融设施、金融工具、金融手段的智慧化，未来银行将提供全天候服务、全场景服务。通过数字机器人替代自然人进行 24 小时不间歇的操作，让客户自助操作，完成金融业务，通过智慧化工具完成客户认证、身份识别、风险管理、流程操作等，这一切都可归集为智慧化，随着智慧化程度的提升，客户的体验将得到无限的提升。

（四）服务开放化

开放化是指商业银行完全持一个开放的状态，将商业银行的基本业务功能、产品线、服务手段通过 API（应用程序接口）与第三方公司合作、连接平台，而客户可以随时在平台上承接各种金融业务，商业银行的获客模式也从传统的“走出去”到“走出去与请进来相结合”。开放化让商业银行的获客渠道不仅增多、加宽，而且效率极高，批量获客使大量的长尾客户获得同等的金融服务。这种金融场景越多、越丰富，商业银行的获客能力就越强大。

（五）融通社会化

社会化是指商业银行不仅仅履行银行中介的功能，还具有社会中介的功能。由于未来商业银行积聚了强大的数据库，且是社会资金融通和信息处理的中心，因此，很多社会间的交易信息将从银行获取，社会上所有的交易活动均可从未来银行的大数据中获得相应的信息，又可提升金融服务的便利性。银行社会化的目标与特征即使在目前的情况下也很明显，如一些商业银行运用本身的信息优势为客户提供咨询、医疗、旅游、社区等服务，已经初具雏形，并显示出强大的生命力，为银行的各项业务的综合发展奠定了极大的优势。

第二节

商业银行的性质与职能

一、商业银行的性质

2015 年 8 月 29 日修正的《中华人民共和国商业银行法》规定：商业银行是指依照本法和《中华人民共和国公司法》设立的吸收公众存款、发放贷款、办理结算等业务的企业法人。

（一）商业银行是企业

商业银行是依照《中华人民共和国公司法》设立的企业法人，具备了一般企业的特征：具有经营所必需的自有资本；有固定的经营场所；实行独立核算、依法经营、自主经营，自担风险，自负盈亏。另外，商业银行的产生与发展过程中，开展的各项业务都表现出对利润的追求，在货币兑换业务中收取手续费、在货币保管业务中收取保管费、在货币贷放业务中收取利息，这些都符合企业经营追求利润最大化的经营目标。

《中华人民共和国商业银行法》规定：商业银行可以经营下列部分或者全部业务：

（1）吸收公众存款；

（2）发放短期、中期和长期贷款；

（3）办理国内外结算；

（4）办理票据承兑与贴现；

（5）发行金融债券；

（6）代理发行、代理兑付、承销政府债券；

（7）买卖政府债券、金融债券；

（8）从事同业拆借；

（9）买卖、代理买卖外汇；

（10）从事银行卡业务；

《商业银行法》

（11）提供信用证服务及担保；

（12）代理收付款项及代理保险业务；

（13）提供保管箱服务；

（14）经国务院银行业监督管理机构批准的其他业务。

经营范围由商业银行章程规定，报国务院银行业监督管理机构批准。

商业银行经中国人民银行批准，可以经营结汇、售汇业务。

（二）商业银行是特殊的企业

商业银行不同于一般的工商企业，主要表现在：

1. 经营对象不同

一般工商企业经营对象是具有使用价值的商品和劳务，活动范围是一般的商品生产和商品流通领域；而商业银行经营对象是能够充当一般等价物的货币资金。

2. 经营方式不同

一般工商企业经营是以买卖商品或服务的方式，改变了商品或服务的所有权；而商业银行是以借贷的信用方式经营货币资金，只是转让了货币的使用权。

3. 经营风险不同

一般工商企业在转移商品或服务的所有权后不再承担风险；而商业银行经营采用的是信用方式，信用活动产生各类风险，商业银行被称为“风险库”。

4. 社会责任不同

一般工商企业有明确的经营范围，只对自己的利益相关者和产品负责，对社会的影响是局部的；商业银行经营对象是货币资金，除了对银行的金融产品和利益相关者负责外，还直接对本国经济发展负有推动责任。

（三）商业银行是特殊的金融企业

1. 商业银行不同于中央银行

中央银行是制定和实施货币政策，监督管理金融业，规范金融秩序及维护金融稳定的具有控制地位的政府机构，从经营目的上看不以营利为目的，原则上不经营具体的货币信用业务，为实现国家的经济目标服务，而商业银行经营以营利为目的，并接受中央银行的监督与管理。

2. 商业银行不同于其他金融机构

非银行金融机构一般不能吸收存款，只能提供某一方面的金融服务，而商业银行不仅能够吸收、创造存款，还能提供代理业务、咨询业务等综合性、全功能的金融服务。

二、商业银行的职能

商业银行的性质决定了商业银行的职能，商业银行在现代经济活动中发挥着信用中介、支付中介、信用创造、金融服务等职能。

（一）信用中介

信用中介职能是商业银行最基本、最能反映其经营活动特征的职能。信用中介职能是指商业银行通过开展负债业务，将社会各部门的闲散资金集中起来，再通过资产业务将资金运用到需要资金的国民经济部门中，在全社会的资金盈余者和资金短缺者间担任中介人，实现资金的融通。

随着商品经济的发展，社会各部门出现资金的不平衡现象，商业银行在不改变社会资本总量的情况下，通过改变资金使用权的形式将闲散资金转变为生产资金，扩大生产规模，实现了资本的增值。商业银行信用中介的作用体现在以下两个方面。

1. 将短期的货币资金转化为长期的货币资金

商业银行通过吸收存款筹集资金，大量的短期存款形成了一个稳定的余额，商业银行可以在保证流动性的前提下，将其应用于长期资金需求；还可以在盈利目的的支配下，使资金从效益低的部门向效益高的部门转移，优化经济结构。

2. 将零星分散的小额资金集中为巨额资金

商业银行通过各种存款形式，把在生产过程中游离出来的暂时闲置的资金转化为生产资本、商品资本，加速了社会生产的增长。

（二）支付中介

支付中介是指商业银行利用活期存款账户，为客户办理各种货币结算、货币收付、货币兑换和转移存款等业务活动。支付中介使商业银行成为政府、工商企业、团体和居民个人的货币保管者、出纳人和支付代理人，成为社会经济活动的出纳中心和支付中心，成为整个社会信用链的枢纽。

在各类经济活动中产生的债权债务关系，最终都需要通过货币支付清偿，商业银行的支付中介功能的作用体现在以下两个方面。

1. 降低社会流通费用，增加生产资金投入量

商业银行通过汇票、支票、本票等支付工具，增加了资金流通中的流动手段和支付手段，不仅缩短了结算时间，还减少了现金的使用，使现金的发行费、保管费、运输费等大大降低，从而将这部分资金投入生产，促进生产扩大。

2. 稳定资金来源，降低筹资成本

客户使用商业银行的支付中介职能，首先需要在商业银行开立存款账户，并存入一定的资金，使商业银行能够持续拥有比较稳定的低息或无息资金，降低了银行筹资成本。

（三）信用创造

信用创造是商业银行利用其吸收活期存款的有利条件，通过发放贷款、从事投资业务而衍生出更多的存款，从而扩大货币供应量。信用创造是在信用中介和支付中介基础上产生的，是商业银行特殊的职能。

信用中介的含义表现在两个方面：一方面是信用工具的创造，在银行信用基础上创造出可以替代货币的信用流通工具，如支票，可以代替现实中货币流通，从而扩大了社会信用总量。另一方面是存款的创造，商业银行通过吸收存款发放贷款，在存款准备金和非现金结算的条件下，贷款又转化为存款，在这种存款不提现或不完全提现的情况下，形成了银行新的资金来源。信用创造功能的作用体现在以下两个方面。

1. 扩大支付和流通手段，保障生产和流通

随着商品生产和商品流通的扩大，货币的需要量不断增加，信用创造可以为扩大再生产提供流通手段和支付手段，保证商品生产和商品流通的正常进行。

2. 调节社会货币流通规模，影响和调节国民经济活动

商业银行信用创造职能直接影响到社会货币供应量，影响到社会各种有效资源的利用和分布，影响利率、投资、就业等，进而影响货币币值稳定，显现了银行在整个国民经济中的地位。

信用创造过度，会造成流通中货币过多，可导致通货膨胀；如果信用创造能力不足，流通中货币量过少，商品生产和商品流通不能顺利进行，又会导致经济萎缩，因此，金融监管当局重点监管商业银行。

（四）金融服务

金融服务职能是指商业银行利用其在提供信用中介和支付中介业务过程中所获得的大量信息，以及在资金、信誉、人才等方面的优势，借助电子计算机和互联网技术等先进手段和工具，为客户提供诸多的金融服务。

随着市场经济的发展，工商企业竞争日益剧烈，经营环境日益复杂，对于生产和流通的专业化程度要求提高，进而将货币业务转交给银行代为办理，如代发工资、代收代付费用等，商业银行利用其先进的技术手段及收集的大量信息，不断开拓新的业务领域和业务品种，为客户提供更优质的金融服务。

三、商业银行在国民经济中的地位

由于商业银行业务内容广泛，它对整个社会经济活动的影响显著，在国民经济中居于重要地位。

（一）商业银行是整个国民经济活动的中枢

商业银行与工商企业、家庭个人和政府有着密切的资金借贷关系，并且通过办理各种形式的结算业务，为社会经济活动实现绝大部分的货币周转。它的存、贷款业务活动直接影响并在相当大程度上制约着工商企业、家庭个人的经济活动和经营范围，影响着经济结构的变化。它的结算业务又为加速社会资金流转、提高资金使用效益，以及企业的经济活动和居民日常生活带来了极大的便利。在提供这些业务的过程中，商业银行也就自然成为整个国民经济活动的中枢。

（二）商业银行的业务活动对全社会的货币供给具有重要影响

由于商业银行是各种金融机构中唯一能接受活期存款的机构，商业银行利用工商企业、家庭个人和政府开设活期存款账户，一方面大量吸收活期存款，并提供转账结算服务；另一方面利用贷款、投资业务和支票转账结算服务进行信用创造，来影响社会货币供给的规模。

（三）商业银行是社会经济活动的信息中心

商业银行通过业务活动，详细地掌握各行业、部门、企业及家庭个人等全面而准确的经济信息，并在此基础上为各部门、企业和个人提供投资咨询和财务咨询服务等，从而成为社会经济活动的信息中心，为社会经济的发展提供积极的引导作用，为产业结构调整、产品结构升级，实现经济稳定持续的发展，做出重要贡献。

（四）商业银行是国家实施宏观经济政策的重要途径和基础

市场经济还存在信息不对称、未来不确定等缺陷，需要政府根据不同时期经济发展的需要制定并实施财政政策、货币政策和产业政策等宏观经济政策，对经济实行宏观调控，以弥补市场经济的不足。这些宏观经济政策的实施都和商业银行有着密切的关系。当政府要利用财政政策调节经济时，它所发行的政策性债券，有很大一部分销售给商业银行。当政府要实行产业政策、对经济结构进行调整时，商业银行就要配合政府的产业政策，调整其贷款投向，以支持政府的产业政策。当中央银行代表政府制定和执行货币政策，调节信贷规模，调节社会货币供给量时，主要是通过商业银行的业务活动来进行的。当中央银行实行紧缩性货币政策，提高法定存款准备金率或在公开市场上卖出有价证券时，商业银行就应当增加其准备金或在公开市场卖出有价证券，配合中央银行，实现货币政策目标。

（五）商业银行是社会资本运动的中心

各种宏观经济政策的实施之所以要通过商业银行才能更好地实现，皆因为商业银行和借贷资本运行、工商企业的资本运动及其他社会资本运动都有着密切的联系。工商企业在经营过程中除了要有一部分自有资本外，还有很大一部分流动资本甚至固定资本缺口，需要向银行借贷，商业银行的借贷资本已成为工商企业经营活动不可缺少的资金来源。当个人投资者投资于有价证券或不动产时，也会因资金短缺而向银行借贷。商业银行集中来自工商企业再生产过程中暂时闲置的货币资本和社会各阶层的货币储蓄，通过贷款又转化为企业和个人的借入资本，加入社会资本的循环与周转，直接影响社会资本运动的速度与规模，并进而影响整个社会再生产进程，商业银行也因此而成为社会资本运动的中心，成为社会资本的集散地。

第三节

商业银行的组织结构

一、商业银行的外部组织结构

商业银行的外部组织形式是指商业银行在社会经济活动中存在的形式。世界各国银行的类型不尽相同，一般有以下几种划分标准。

（一）总分行制和单一银行制

商业银行按组织形式划分为总分行制和单一银行制。

1. 总分行制

总分行制是国际上常见的银行体制，它是由一家总行和下设的若干家支行组成的，以总行为中心的庞大的银行体系。实行总分行制的商业银行，利用其分布在不同地区的分支行的优势，为客户提供快捷方便的服务，同时集聚起巨额的社会资金。我国商业银行大多实行的是总分行制。

总分行制的优势有：实行总分行制的商业银行一般经营规模较大，易于采用现代化的管理设备，尤其是当前的互联网金融快速发展，总分行制的较大资本规模更有利于开发新产品、新技术适应互联网金融的快速发展，通过创新为客户提供全面、优质的金融服务；分支机构众多，易于吸收存款以及在全系统内调剂和使用资金，使资金得到有效、合理的使用；此类银行内部可以实行高度分工，提高效率，降低成本；由于分支机构归总行统一领导，有利于一国金融监管当局的监督管理，也有利于对整个商业银行实施宏观调控。

总分行制的缺陷有：高度集中的管理制度，容易形成银行的垄断，妨碍行业竞争；分支机构多，总行管理层次、管理机构较多，提升了管理难度。

2. 单一银行制

单一银行制是指不设立或不被允许设立分支机构，银行业务完全由一个营业机构来办理的制度。美国是实行这种制度的主要国家。

单一银行制的优势有：由于存在多个银行，可以防止银行垄断，有利于自由竞争；有利于银行与当地政府的协调，集中全力做好本地区的金融服务，促进本地区的经济发展；单一银行制具有独立性和自主性，其业务经营灵活性较大，随时可以根据市场环境的变化改变经营策略。

单一银行制的缺陷有：单一银行采用新技术的单位成本较高，不利于银行采用最新的管理手段和工具，而难以适应当前的银行竞争；单一银行资金实力较弱，抵抗风险的能力相对较弱；单一银行主要服务本地区金融，与经济的外向发展不匹配，削弱银行的竞争力。

（二）全能银行制和分业银行制

商业银行按照业务结构划分为全能银行制和分业银行制。

1. 全能银行制

全能银行制又称综合性银行，是指商业银行既能够全面经营银行业务，又能经营证券业务和保险业务。全能银行能向客户提供全面、综合性的服务，提供广泛的金融产品、金融服务以及各种各样的信息，从而最大限度地满足客户的需求，同时使自身的业务多元化，达到分散风险的目的。这种类型的商业银行主要分布在欧洲大陆，德国的商业银行最为典型。

2. 分业银行制

分业银行制是指商业银行根据有关银行法的规定，不能进入投资银行的领域，即商业银行和投资银行业务是分开的，不能从事证券业务。分业银行制以早期美国、日本的商业银行最为典型。

（三）股份制银行、国有银行和私人银行

商业银行按资本所有权划分为股份制银行、国有银行和私人银行。

1. 股份制银行

股份制银行是按照国家有关公司法律条文的规定，向主管部门注册，取得法人资格而建立起来的银行。目前，股份制银行是商业银行制度中最常见的形式。

2. 国有银行

国有银行是指由国家或地方政府出资组建的商业银行，一般规模比较大。如股份制改造前的中国工商银行、中国建设银行、中国银行等。

3. 私人银行

私人银行有独资银行和合伙银行两种。独资银行是由一人单独出资亲

自或雇人经营，出资人对银行的财产和盈利有全部支配权，对债务负有无限清偿责任的银行。合伙银行是由两人或两人以上、50人以下订立合伙契约、共同出资、合伙经营的银行。其财产为合伙人共有，盈利按出资多少或契约规定进行分配，合伙人对银行债务负有无限清偿责任。目前，私人银行在现代商业银行中所占比重很小。

二、商业银行的内部组织结构

商业银行内部组织结构是针对单个银行而言的，指商业银行内部部门设置及各部门之间相互联系、相互制约的组织管理系统。由于大多数商业银行都是依照《中华人民共和国公司法》设立的，因此具备类似的内部组织机构。一般而言，商业银行的内部组织结构包括决策系统、执行系统、监督系统和管理系统。

（一）决策系统

商业银行的决策系统包括股东大会、董事会以及董事会下设的各种专门委员会。

1. 股东大会

股东大会是商业银行最高权力和决策机构，由全体股东组成。商业银行的任何重大决策都需经过股东大会通过才有效。股东大会一般由董事会组织召开，召开股东大会时，股东有权听取商业银行的一切业务报告，有权对商业银行的经营管理提出质询。但是每个股东的表决权由其持有的股份决定，因此，持有多数股份的大股东对商业银行的经营决策有决定性影响。

2. 董事会

董事会由股东大会选举产生，并代表股东执行股东大会的决议。董事会承担商业银行经营和管理的最终责任，依法履行职责。董事会的职责为：① 确定商业银行的经营发展战略。② 聘任和解聘商业银行的高级管理层成员。③ 制订商业银行的年度财务预算方案、决算方案、风险资本分配方案、利润分配方案或弥补亏损方案。④ 决定商业银行的风险管理和内部控制政策。⑤ 监督高级管理层的履职情况，确保高级管理层有效履行管理职责。⑥ 负责商业银行的信息披露，并对商业银行的会计和财务报告体系的完整性、准确性承担最终责任。⑦ 定期评估并完善商业银行的公司治理状况。⑧ 法律、法规规定的其他职责。

3. 专门委员会

董事会可以根据需要，设立专门委员会，商业银行设立的专门委员会包括审计委员会、风险管理委员会、战略委员会、薪酬委员会等。专门委员会经董事会明确授权，向董事会提供专业意见或根据董事会授权就专业事项进行决策。

中国银行决策系统如图 1.1 所示。

图 1.1 中国银行决策系统

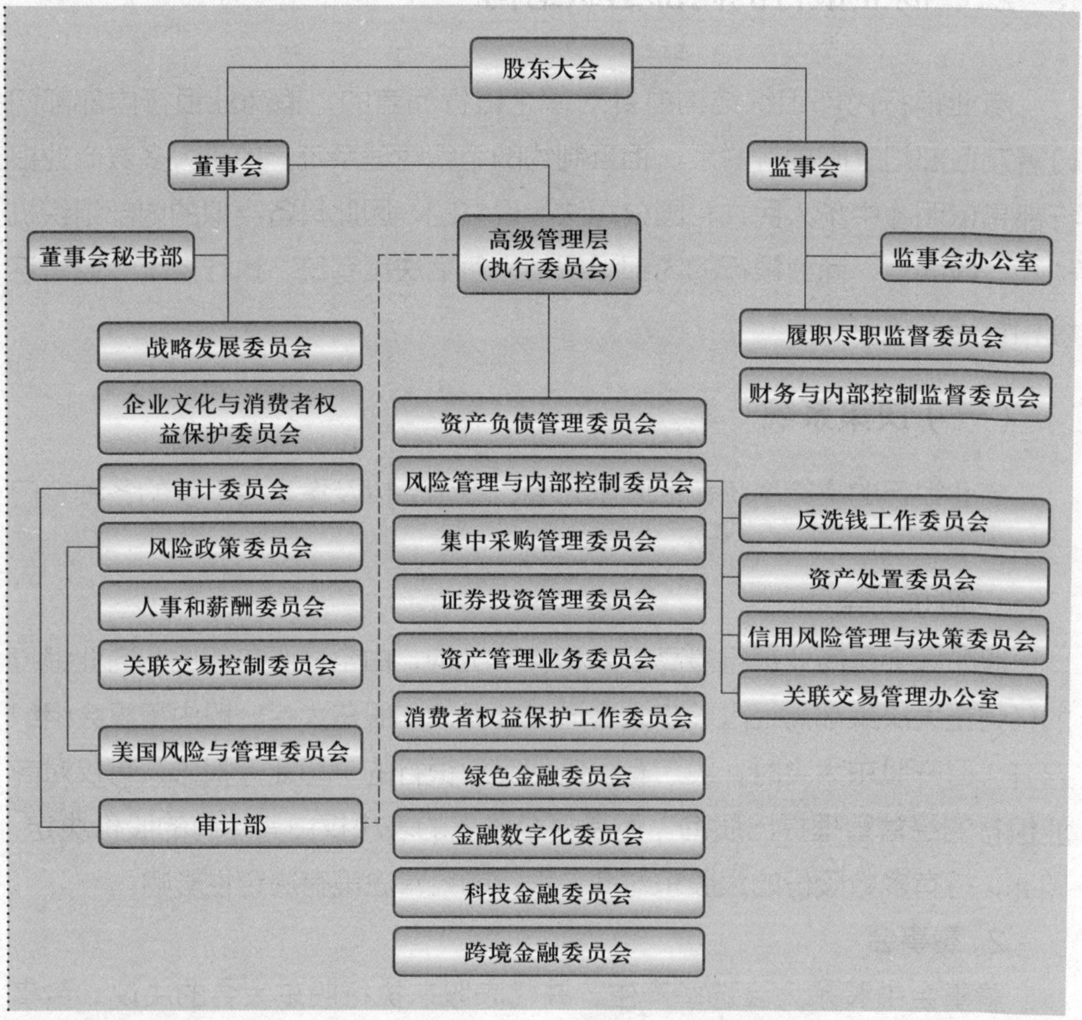

（二）执行系统

商业银行的执行系统包含了商业银行的管理层和执行层两个层次。

1. 管理层

商业银行管理层执行董事会批准的各项战略、政策、制度和程序，建立责权明确、报告关系清晰的组织结构，建立健全有效的风险防范体系和内部控制机制，负责组织商业银行的日常业务经营活动。管理层包括行长（总经理）、副行长（副总经理）和各业务职能部门的管理人员，其中行长是银行的行政首脑，行长的职责是：负责执行董事会的决议，组织商业银行的各种经营活动；组织经营管理班子，提名副行长以及各职能部门的经理等高级职员的人选，并报董事会批准；定期向董事会报告经营情况，招聘和解雇银行员工，并对员工实行奖惩等。

2. 执行层

商业银行的执行层一般包含两类：一类是业务职能部门，一般包括公司贷款部、个人贷款部、电子银行部、银行卡部、国际业务部等；一类是管理部门，一般包括财务会计部、人力资源部、风险管理部、内控合规部等。

招商银行组织架构

（三）监督系统

监督系统由股东大会选举产生，由监事会和稽核委员会组成。

1. 监事会

监事会由股东大会选举产生，由具备丰富银行管理经验的人员组成，具有对董事会、行长及整个商业银行管理的监督权。监事会的职责是检查执行机构的业务经营和内部管理，对董事会制定的经营方针和决策、制度及其执行情况进行监督检查，并促进有关机构限期整改。

2. 稽核委员会

稽核委员会检查银行执行部门的业务经营和内部管理。具体负责对商业银行内部各个机构、各项业务活动及内部控制制度的建设与执行情况、财务收支状况及经济效益等方面的情况进行监督。

（四）管理系统

商业银行的管理系统由五个方面组成。

1. 全面管理

全面管理由董事长、行长（总经理）负责，主要职责是确定银行目标、业务计划和经营预测，并制定政策，指导、控制及评价分支机构及银行的业务部门和职能部门的工作。

2. 财务管理

财务管理由副总经理（副行长）负责，主要职责是负责银行筹资及成本管理、现金管理等，并制定财务预算，实行财务控制，进行审计、税收和风险管理。

3. 人事管理

人事管理由人事部门负责，主要职责是招募员工、培训员工、进行工作和工资审评、处理劳资关系等。

4. 经营管理

经营管理由总经理（行长）负责，主要职责是根据银行确定的计划和目标，安排组织各种银行业务，分析经营过程中出现的各种问题，保证银行经营安全。

5. 市场营销管理

市场营销管理由总经理（行长）、副总经理（副行长）及有关业务、职能部门负责人共同参与，主要职责是分析消费者行为及市场变动状况，确定市场营销战略，开展广告宣传、促销和公共关系，制定银行服务价格，开发产品和服务项目。

第四节

商业银行的经营原则

商业银行的经营对象是货币，具有特殊性，商业银行在社会经济活动中具有特殊地位，决定了它有三个必须满足的要求：首先，银行必须保证本金的安全，不能使本金流失，更不能让本金损失，要保持本金的完整；其次，银行必须保持借贷资本运用所形成的资产有足够的流动性，即当银行需要清偿力时，能迅速将资产变现，或从其他途径获得资金来源；第三，银行必须使借贷资本运动既能保证本金安全，又能在运动中实现增值。这些决定了商业银行从事经营活动的准则，即商业银行的经营原则。《中华人民共和国商业银行法》明确规定："商业银行以安全性、流动性、效益性为经营原则，实行自主经营，自担风险，自负盈亏，自我约束。"

一、安全性原则

（一）安全性的含义

安全性是指商业银行在经营资产负债业务过程中，避免经营风险损失，按期收回资产本息的可靠程度。其表现在两个方面：一是负债的安全，包括资本金的安全、存款的安全、各项借入资金的安全等；二是资产的安全，包括现金资产、贷款资产和证券资产等的安全。

（二）影响安全性的因素

影响安全性的因素主要来自商业银行自身和外部经济环境。一般来说，影响商业银行经营安全性的因素主要有信用风险、市场风险、操作风险、流动性风险、声誉风险、法律风险、战略风险、国家风险等。

（三）保持安全性的措施

商业银行要保持安全性，可采取多方面的措施。

1. 合理安排资产规模和结构，提高资产质量

商业银行通常都按照贷款与存款的比率、资本净值与资产的比率、有问题贷款占全部贷款的比率等指标要求来控制其资产规模。如果贷款与存款比率过高，甚至贷款总额超过存款总额，或者资产净值与资产总额的比率过低，都表明该商业银行资产的风险过大，会影响该银行经营的安全性，如果有问题贷款占贷款总额比率过高，也反映该银行资产质量不高，会危及银行的安全。

2. 提高自有资本的比重

商业银行的资金来源主要是吸收存款和借入款项，这种负债经营包含着很大的风险，所以商业银行是高风险行业。商业银行主要是靠保持清偿力来抵御和防范这种风险，而保持清偿力的基础是商业银行的自有资本。若自有资本在全部负债中的比重高，则该银行的实力较强，即使发生暂时的资金周转困难，也会获得客户的信任，保证其经营安全，所以每家商业银行都要在可能的情况下，根据实际情况，适当扩大自有资本总额，提高自有资本比重。

此外，还可采用建立风险管理体系，有效防范和管理风险，稳健合法经营等措施。

二、流动性原则

（一）流动性的含义

流动性是指商业银行能够随时应付客户提现和满足客户合理资金需求的能力，包括资产的流动性和负债的流动性两个方面。资产的流动性是指资产在不受价值损失的条件下具有迅速变现的能力。负债的流动性是指商业银行能够根据需要以较低的成本随时获得资金的能力。

（二）衡量流动性的标准

衡量流动性的标准有两个：一是资产和负债变现的成本。变现的成本越低，流动性就越强；二是资产和负债变现的速度，变现的速度越快，流动性就越强。

（三）保持流动性的主要方法

1. 建立分层次的准备资产制度

商业银行为了保持其良好的流动性，通常是以准备金的形式实现的。如

一级准备，又称现金准备，包括银行库存现金、在中央银行存款以及同业存款等。由于一级准备不能盈利或盈利性很低，商业银行一般将此类准备金减少到最低的限度；二级准备主要包括短期国债、商业票据、银行承兑票据及同业短期拆借等。通过持有这些资产，商业银行既可以保持流动性，又能获得一定的收益，在盈利方面要优于一级准备。此外，商业银行还可以将回购协议和外币贷款等流动性资产形成三级准备，以加强银行的流动性管理。

2. 加强流动性指标的考核

商业银行为了更好地实现流动性管理目标，通常需要制定一些数量化指标，以衡量和反映银行的流动性状况。这些指标可分为三大类：一是资产类流动指标，如现金资产比例、流动性资产比例和贷款占总资产的比例；二是负债类流动性指标，如股权占总资产的比例、存款占总资产的比例等；三是资产负债综合类流动性指标，如贷款占存款的比例等。

3. 扩大借款渠道，利用负债提高流动性

商业银行可以从多个渠道获得借入资金，以提高流动性，主要包括直接向中央银行借款、向中央银行再贴现、发行可转让存单、向其他银行借款等，这些资金来源的成本比较低，一般都低于银行贷款和投资的收益，因此不会造成银行为提高流动性而减少贷款和投资的情况。

三、效益性原则

（一）效益性的含义

效益性是指商业银行在业务活动中，在避免资产遭受损失的前提下，获取利润的能力。效益性是商业银行经营的主要目标。效益性既是评价商业银行经营水平的最核心指标，也是商业银行最终效益的体现。

（二）影响商业银行效益的因素

1. 内部因素的影响

商业银行的内部经营管理水平对效益有很大的影响，影响商业银行效益性的指标有利差收益率、收益盈利率、贷款收益率、证券收益率等。

2. 外部因素的影响

外部因素如国家宏观经济形势的好坏、财政货币政策的松紧、证券市场的行情、金融业的竞争情况等都可能影响商业银行效益水平。

（三）增加商业银行效益的主要途径

根据分析影响商业银行盈利水平的因素及商业银行营业收入与营业支出的内容，提高商业银行盈利水平的途径主要有以下几个方面。

1. 不断扩大资产规模、合理安排资产结构

商业银行的盈利主要来自其资产业务。但是，在商业银行资产业务中，不同的资产具有不同的盈利能力。现金资产是商业银行资产中流动性最强、盈利性最差的资产，而长期贷款和长期投资是商业银行资产中盈利最高、流动性和安全性较差的资产，是银行利润最主要的来源。因此，商业银行会在充分保证安全性和流动性的基础上，尽量降低非盈利性资产的比重，提高盈利性资产尤其是长期资产的比重，使银行获得更多的利润来源，提高银行的盈利水平。

2. 合理制定存贷款利率，加强存贷款利差管理

商业银行的收益主要来自存款和贷款间的利息差额。因此，利差的大小和稳定状况决定着银行总的收益状况，成为衡量银行业务经营水平的重要标志。为此，一方面要根据市场资金供求状况，合理制订存贷款利率，所有盈利性资产的收益率必须大于有息资金的成本率，这是获取最低收益的基本保证。

3. 大力发展中间业务，增加手续费和佣金收入

随着金融市场的开放，商业银行的竞争更加激烈，其表现的形式为服务的竞争。为此，商业银行必须根据市场发展的需求，不断增加服务项目，尤其要大力发展中间业务，不断提高服务水平和质量，在满足客户需求的同时实现银行自身盈利的增加。

4. 加强成本核算，控制费用开支

在商业银行的经营成本中，除了直接用于利息支出的费用外，还有各项管理费用开支，包括职工费用、折旧、资产摊销及其他业务费用。因此，加强内部成本核算，制订严格的管理规章制度，提高管理水平，提高工作效率，控制管理费用支出是增加商业银行盈利的重要途径。

四、经营原则之间的协调与平衡

（一）“三原则”之间的统一性

安全性、流动性和盈利性的目标是统一的，这是由商业银行经营管理的

基本要求决定的，也是商业银行实现自身微观效益和社会宏观效益相统一的要求决定的。商业银行经营安全性好，有利于整个宏观经济的稳定；商业银行资产流动性强，有利于整个社会资金加速周转，更充分地发挥资金使用效率；商业银行盈利水平高，可提高社会经济效益，也可为再生产和扩大再生产积累更多资金。"三原则"中，安全性是前提，流动性是条件，盈利性是目的。

（二）"三原则"之间的矛盾性

通常情况下，流动性强、安全性高的资产，其盈利性较低；反之，盈利性则较高。实现安全性目标要求商业银行持有流动性强的资产，减少高风险资产；而实现盈利性目标则要求商业银行尽可能减少流动性强的资产，增加盈利性较高的资产。为了协调安全性、流动性和盈利性之间的矛盾，要求商业银行在这三者之间寻求均衡，即在保证安全性和流动性的前提下，实现盈利最大化目标。

（三）"三原则"之间关系的协调

（1）积极组织存款，扩大资金来源，合理安排资产结构，保持适当比例的现金资产。创造安全经营、资产流动的条件，以提高银行的盈利水平。

（2）加强对长期贷款和投资的预测研究，保证收益，减少风险损失。商业银行应根据不同时期的经营环境变化和业务经营的不同要求，有所侧重。如在经济发展较快时期，企业经营情况良好，银行资金来源充足，借贷需求旺盛，贷款安全性高，这时银行可以更多地考虑盈利性，而安全性和流动性则次之；如在经济萧条时期，企业经营不景气，资金呆滞，这时银行应更多地注意安全性和流动性，而盈利性则次之。

（3）树立良好的信誉，建立牢固的信用基础，取得客户和社会的高度信任，保持更大的选择余地。商业银行的信誉决定了其在客户和社会公众心目中的地位，也决定了商业银行的发展空间。因此，商业银行必须从维护其信誉的高度出发，来坚持安全性、流动性和效益性"三原则"之间的协调与平衡。

拓展阅读资料

什么是ESG

随着全社会对环境、资源等问题的关注度越来越高，以可持续发展为核心的环境、社会、公司治理（ESG）理念越来越受金融业青睐。

摩根大通数据显示，截至2020年年底，全球广义的ESG投资资产规模高达45万亿美元。

ESG理念在发达国家已发展多年，碳中和时代浪潮下，我国对ESG理念的探索实践正在加速推进。2020年年初，银保监会发布《中国银保监会关于推动银行业和保险业高质量发展的指导意见》，要求银行业金融机构建立健全环境与社会风险管理体系，将环境、社会、公司治理要求纳入授信全流程，强化ESG信息披露和与利益相关方的交流互动。

ESG是环境（environmental）、社会（social）、公司治理（governance）相应英文单词的首字母缩写，指的是环境、社会、公司治理三要素协同发展的一种可持续金融发展理念。例如，随着一个小公司不断成长，如果想要进一步扩张、发展成为具有影响力的大企业，那么，其需要关注的要素不再只局限于单纯的内部公司治理，还需要承担更多的社会责任，比如支持环境保护治理等，这样才能实现企业的长远可持续发展。特别是近几年经历疫情冲击，我们发现，任何企业都无法作为独立个体应对灾害，唯有全社会协作发力才能共渡难关。因此，金融业对于ESG理念的认同进一步深化。

ESG的评价因素包括什么？记者根据三大国际组织的指引（ISO2600社会实践、SASB/GRI可持续发展报告）、ESG评级公司关于ESG评级的披露信息等进行梳理，在ESG理念及评价体系下，企业经营中需要考虑的因素主要包括：环境方面，包括碳及温室气体排放、环境政策、废物污染及管理政策、自然资源（特别是水资源）使用和管理政策、生物多样性、节能减排措施、绿色技术等因素；社会方面，包括社团（或社区）、管理培训、产品责任、供应链责任管理、精准扶贫、公益慈善等因素；治理方面，包括公司治理、风险管理、合规性、组织结构、投资者关系等因素。

ESG带给金融机构的影响有哪些？ESG理念的引入和实践，对金融机构的价值体系和发展理念产生深刻影响，引导金融机构更多地关注社会责任，强调服务实体经济，主动推行减费让利，积极探索普惠金融。

比如，中国农业银行的战略定位与ESG理念高度契合。中国农业银行将ESG的核心理念和工作全面融入企业管理中，结合服务“三农”、普惠金融、消费者权益、绿色金融、产品安全、数据安全等重要议题和实际业务实践，构建起科学、专业、有操作性的ESG理念和管理体系。

中国农业银行高度重视ESG理念的应用和管理体系建设。2021年4月，中国农业银行董事长谷澍参加国际金融协会（IIF）举行的首届可持续金融峰会时提议，商业银行应将ESG风险纳入全面风险管理体系，进一步完善和优化ESG数据收集管理，便于准确跟踪ESG绩效目标完成度，构建起完善的ESG治理架构。

同时，ESG 作为一种投资策略，影响着金融业的投资取向。目前，国内外已有大量相关投资项目和产品落地。

2019 年 12 月，农银理财推出首款 ESG 主题理财产品——“农银安心 · 每年开放”，承诺践行 ESG 投资理念，在控制风险的前提下，优选 ESG 表现良好企业的债权类资产，力争为投资者获取可持续的超额收益。

截至 2021 年 7 月末，国内商业银行已合计发行了超过 20 款 ESG 主题理财产品，资金募集规模达到 99.84 亿元。

某国有大行相关业务负责人表示，作为创新产品，目前 ESG 主题理财产品的销售情况相较常规理财产品仍有差距。但是此类产品代表着绿色金融产品的发展趋势，是一条积极的投资途径。

资料来源：李建菲. 什么是 ESG [N]. 农业金融时报，2021-08-09（A03）.

本章测试

思考题：

1. 为什么说商业银行是特殊的金融企业？
2. 商业银行具有哪些职能？
3. 简述商业银行在国民经济活动中的地位。
4. 如何理解商业银行的经营原则及其相互关系？

实操题目：

查询 3 家银行的内部组织结构，并将其各部分总结归类为商业银行组织结构四大系统。

第二章
商业银行存款业务

本章学习目标

理解商业银行存款的含义。

掌握商业银行存款业务种类。

能够按照流程办理商业银行存款业务。

能够计算各类存款利息。

了解影响商业银行存款规模的因素。

了解商业银行存款业务管理的目标和策略。

本章知识思维导图

- 商业银行存款业务
  - 认识存款业务
    - 商业银行存款的含义
    - 商业银行存款的主要存款人
      - 住户部门
      - 非金融类工商企业部门
      - 金融机构部门
      - 其他部门
    - 商业银行存款的种类
      - 普通存款
      - 定活两便存款
      - 通知存款
  - 存款业务办理
    - 开户业务办理流程
    - 存入业务办理流程
    - 取款业务办理流程
    - 销户业务办理流程
    - 特殊业务办理规定
      - 挂失业务办理
      - 协助查询、冻结、扣划业务办理
      - 票币兑换业务办理
  - 存款利息计算
    - 存款利息计算规定
    - 存款利息计算方法
      - 积数计息法
      - 逐笔计息法
  - 存款业务管理
    - 影响存款规模的因素
      - 宏观方面
      - 微观方面
    - 存款业务管理目标
    - 存款业务管理策略

本章关键术语

存款　活期存款　定期存款　定活两便存款　通知存款　挂失业务　协助查询、冻结、扣划业务　票币兑换　利息

本章情境引入

情境引入微视频

一位老年顾客进入银行大堂。

大堂经理迎接：“您好，请问您要办理什么业务？”客户咨询：“你好，我有200 000元，三年都用不到，我特别在意钱的安全性，想在你们银行存款，给我介绍一下吧。”

假设你是大堂经理，该如何为客户做储蓄存款产品介绍及帮助其完成业务办理？

第一节

认识商业银行存款业务

一、商业银行存款的含义

存款是存款人存入商业银行或非银行金融机构的货币资金，是机构或个人在保留资金或货币所有权的条件下，以不可流通的存单或类似凭证为依据，确保名义本金不变并暂时让渡或接受资金使用权所形成的债券或债务。可以从商业银行、存款人、存款性质几个方面更好地理解存款的含义。

从商业银行的角度看，存款是商业银行接受存款人存入或转入的各类货币资金，以支付利息的方式获得一定期限的货币使用权，资金用于商业银行扩张资产、经营获利等。

从存款人的角度看，存款是存款人将暂时闲置的资金，以现金、票据或转账的方式存入银行，让渡资金的使用权，并以此获得利息收入的资金。

从存款性质来看，存款是社会商品价值的货币表现，来源于社会生产过程，是暂时闲置的资金，通过商业银行再分配后运用于社会再生产过程。

存款是商业银行主要的资金来源，是商业银行生存和发展的基础，只有源源不断的存款，商业银行才有资产扩张，才有获利的机会。

二、商业银行存款的主要存款人

存款是商业银行经营发展的基础，是商业银行营运资金的主要来源，商业银行需要源源不断的存款。商业银行存款的主要来源有以下几个方面。

（一）住户部门

这部分存款人包含了居民个人、个体工商户等。居民个人及个体工商户通过劳动、服务获得资金收入，满足消费、投资需求，而获得收入与消费、投资活动之间存在一定的时间差，住户会将暂时闲置的资金存入商业银行。

（二）非金融类工商企业部门

这部分存款人主要包括各类工商企业。工商企业经济活动以生产为中心，包含供应过程、生产过程和销售过程，购买原材料，支付职工薪资、产品包装费用、产品运输费用等，全部需要资金支持。而这些资金会存在暂时闲置的情况，供应过程和生产过程预先准备的资金，销售过程中取得暂时闲置的资金，工商企业会将其存入商业银行。

（三）金融机构部门

这部分存款人主要包括货币当局、监管当局、银行业金融机构、证券业金融机构、保险业金融机构、交易及结算类金融机构等。金融机构之间存在业务往来，为满足支付清算、业务合作、资金托管等需要，会将一部分资金存入商业银行。

（四）其他部门

这部分存款人主要包含了政府部门及其他非居民部门。政府部门包含中央政府、地方政府、社会保障基金等，都有一定的资金流入，而资金收支之间存在一定的时间差，在此期间会将资金存入商业银行；其他非居民部门包含国际组织、外国政府、国外金融机构、外国居民等，也会将资金存入商业银行。

三、商业银行存款的种类

我国商业银行可以办理的存款产品类别众多，常见的产品种类有普通存款、定活两便存款、通知存款三大类。

（一）普通存款

普通存款是指存款人在金融机构开立账户存入资金或货币，由金融机构出具存款凭证，办理一定期限、利率并按期给付利息的存款。

1. 单位普通存款

普通存款的存款人若为单位存款人，则为单位普通存款。

（1）单位活期存款

单位活期存款是一种随时可以存取、按结息期计算利息的存款，其存取主要通过现金或转账办理。活期存款账户分为基本存款账户、一般存款账户、临时存款账户和专用存款账户。

（2）单位定期存款。单位定期存款是银行与存款人双方在存款时事先约定期限、利率，到期后支取本息的存款。客户若急需资金，可办理提前支取或者部分提前支取。

2. 个人普通存款

（1）活期储蓄存款。活期储蓄存款是个人存款人在金融机构开立账户存入资金或货币，由金融机构出具存款凭证，办理不约定期限、可随时存取并按期给付利息的存款。

（2）定期储蓄存款。其包含整存整取储蓄存款、零存整取储蓄存款、存本取息储蓄存款、整存零取储蓄存款。

① 整存整取储蓄存款指个人存款人在金融机构开立账户存入资金，由金融机构出具存款凭证，约定期限、利率，本金一次存入，到期一次性支取本息的存款。

② 零存整取储蓄存款指个人存款人在金融机构开立账户存入资金，由金融机构出具存款凭证，约定期限、利率，每月存入固定金额，到期一次性支取本息的存款。

③ 存本取息储蓄存款指个人存款人在金融机构开立账户存入资金，由金融机构出具存款凭证，约定期限、利率，本金一次性存入，分次支取利息，到期一次支取本金的存款。

④ 整存零取储蓄存款指个人存款人在金融机构开立账户存入资金，由金融机构出具存款凭证，约定期限、利率，本金一次性存入，按约定期次和金额支取本金，到期一次性支取利息的存款。

（二）定活两便存款

定活两便存款指个人存款人在金融机构开立账户存入资金，由金融机构出具存款凭证，不约定存期，本金一次性存入，利率按一年以内定期整存整取同档次利率的六折计算，支取时一次性支付全部本金和利息，具有定期和活期双重性质的一种存款。

（三）通知存款

通知存款是指存款人在金融机构开立账户存入资金，由金融机构出具存款凭证，不约定存期，支取时需提前一定时间通知金融机构，约定支取日期和金额的存款。通知存款一般分为一天通知存款和七天通知存款。

第二节

商业银行存款业务办理

一、开户业务办理流程

（一）业务受理

客户填写“开户申请书”，提交有效身份证件，若是代理人办理，还需要提供代理人的身份证件。

我国实行个人存款账户实名制。个人存款账户实名制，是指个人在金融机构开立存款账户办理储蓄存款时，应当出示本人法定身份证件，使用身份证件上的姓名；金融机构要按照规定进行核对，并登记身份证件上的姓名和号码，以确定储户对开立账户上的存款享有所有权的一项制度。实行个人存款账户实名制的主要目的是保证个人存款账户的真实性，保护存款人的合法权益。

《个人存款账户实名制规定》中的实名证件是指：居住在境内的中国公民，为居民身份证或者临时居民身份证；居住在境内的16周岁以下的中国公民，为户口簿；中国人民解放军军人，为军人身份证件；中国人民武装警察，为武装警察身份证件；香港、澳门居民，为港澳居民往来内地通行证；台湾居民，为台湾居民来往大陆通行证或者其他有效旅行证件；外国公民，为护照。

（二）凭证审核

柜员审核“开户申请书”填写是否完整、正确；审核身份证件的真实性和有效性。

（三）清点现金

柜员在监控和客户视线范围内清点现金，辨别真伪，反复与客户确认数目，做到“唱收唱支”。

假币收缴、鉴定流程

（四）系统处理

在银行系统中，输入对应的开户交易代码，进入开户界面，根据客户“开户申请书”录入对应的信息，并请客户预留印鉴或录入密码。

（五）打印签章

柜员根据系统提示，打印开户申请书（银行填写部分）、存款凭条，由客户在开户申请书、存款凭条上签字确认。

（六）盖章回单

柜员在凭证上加盖业务章，将证件及回单递交给客户；送别客户，整理凭证。

二、存入业务办理流程

（一）业务受理

柜员根据客户的续存要求，请客户提供储蓄存折（银行卡）和现金。若需存现金金额大于 5 万元（含），应提供存款人身份证件，他人代理的，还应提供代理人身份证件。若为无折续存，则客户需填写个人业务（卡 / 无折）存款凭证。

（二）凭证审核

业务需要提供身份证的，柜员应审核身份证件的真实性和有效性；柜员还应审核客户填写的个人业务（卡 / 无折）存款凭证的内容完整性、正确性。

（三）点收现金

柜员在监控和客户视线范围内清点现金，辨别真伪，反复与客户确认数目，做到“唱收唱支”。

（四）系统处理

在银行系统中，输入对应的续存交易代码，进入续存界面，根据客户“存款凭证”录入对应的信息。

（五）打印签章

柜员根据系统提示，打印存款凭证，核对信息，无误后请客户在“存款凭条”上签字确认。

（六）盖章回单

柜员在凭证上加盖业务章；将证件及回单递交给客户；送别客户，整理凭证。

三、取款业务办理流程

（一）业务受理

柜员根据客户的取款要求，请客户提供储蓄存折或银行卡。客户取款金额超过人民币 5 万元（含）的，需要客户提供身份证件，他人代理的还应提供代理人的身份证件。

（二）凭证审核

柜员与客户确认取款金额；审核客户存折或银行卡的真实性和有效性；取款金额超过人民币 5 万元（含）的，还应审核客户身份证件的真实性和有效性。

（三）交易处理

在银行系统中，输入对应的取款交易代码，进入取款界面，根据客户取款要求录入对应的信息；提示客户输入正确的取款密码；按照取款金额进行配款并确认提交系统。

（四）打印签章

柜员根据系统提示打印存折和取款凭证，核对信息，无误后请客户在“取款凭证”上签字确认。

（五）后续处理

柜员在凭证上加盖业务章；将存折（银行卡）和取款现金递交给客户；送别客户，整理凭证。

四、销户业务办理流程

（一）业务受理

柜员根据客户的销户要求，请客户提供储蓄存折或银行卡。若为结算账户销户，需要请客户填写变更、撤销银行结算账户申请书；若客户销户本息超过人民币 5 万元（含）的，应请客户提供身份证件，他人代理的还应提供代理人的身份证件。

（二）凭证审核

柜员审核客户是否符合销户条件，审查客户的有效身份证件的真实性和有效性。

（三）交易处理

在银行系统中，输入对应的销户交易代码，进入销户界面，录入销户信息。

（四）打印签章

交易成功后，柜员根据系统提示依次打印存折、取款凭证、存款利息清单等，无误后请客户签字确认，并在相关凭证上加盖印章。

（五）后续处理

柜员在凭证上加盖业务章；将回单和现金递交给客户；送别客户，整理凭证。

五、特殊业务办理规定

（一）挂失业务办理

1. 定义

储户丢失储蓄账户的存单、存折、凭印鉴支取的印鉴、账户的密码、通信存款的寄存证、个人支票等均可到银行办理挂失手续。

2. 业务办理流程

挂失业务办理一般分为口头挂失、书面挂失、解挂补办三个步骤。

（1）口头挂失：客户如有客观原因不能及时或亲自到银行办理挂失，可先进行口头挂失，但在 5 日内必须到开户行办理正式挂失手续，否则挂失不再有效。

（2）书面挂失：储户办理挂失业务时，须向银行提供本人身份证件和有关账户内容，如账号、户名、开户日期、存款种类、币种、存款金额、期限等，填写挂失申请书；代办挂失须同时提供代办人的身份证件，经银行审核存款确未支付后，方可受理挂失。

（3）解挂补办：7 天挂失期满后，储户持挂失申请书的第三联来银行办理补领新存单（折）或提取现金手续，必须由本人办理，并在申请书第三联上签字。代办挂失的，由本人和代办人同时来银行办理手续，并同时在申请书上签字。

另外，储户办理挂失手续后，在未处理前找到了原存单（折）、印鉴，可要求撤销挂失。办理撤销挂失时，须持已挂失的存单（折）、印鉴、原挂失证件、挂失申请书由本人办理；由他人代办的挂失，须双人同时到银行办理撤销挂失手续。

（二）协助查询、冻结、扣划业务办理

1. 定义

“协助查询、冻结、扣划”是指金融机构依法协助有权机关查询、冻结、扣划单位或个人在金融机构存款的行为。协助查询是指金融机构依照有关法律或行政法规的规定以及有权机关查询的要求，将单位或个人存款的金额、币种以及其他存款信息告知有权机关的行为。协助冻结是指金融机构依照法律的规定以及有权机关冻结的要求，在一定时期内禁止单位或个人提取其存款账户内的全部或部分存款的行为。协助扣划是指金融机构依照法律的规定以及有权机关扣划的要求，将单位或个人存款账户内的全部或部分存款资金划拨到指定账户上的行为。

2. 业务规定

办理协助业务时，经办人员应当核实执法人员的工作证件（有权机关包括司法机关、行政机关、军事机关及行使行政职能的事业单位）；有权机关县团级以上（含）机构签发的协助通知书；人民法院出具的裁定书、其他有权机关出具的决定书。

金融机构应当按照内控制度的规定建立和完善协助查询、冻结和扣划工作的登记制度。

金融机构协助有权机关查询的资料应限于存款资料，包括被查询单位或

个人开户、存款情况以及与存款有关的会计凭证、账簿、对账单等资料。对上述资料，金融机构应当如实提供，有权机关根据需要可以抄录、复制、照相，但不得带走原件。

（三）残缺、污损人民币兑换业务办理

1. 定义

残缺、污损人民币是指票面撕裂、损缺，或因自然磨损、侵蚀，外观、质地受损，颜色变化，图案不清晰，防伪特征受损，不宜再继续流通使用的人民币。

2. 兑换标准

依据《中国人民银行残缺污损人民币兑换办法》的规定，残缺、污损人民币兑换标准如下。

（1）能辨别面额，票面剩余 3/4（含 3/4）以上，其图案、文字能按原样连接的残缺、污损人民币，金融机构应向持有人按原面额全额兑换。

（2）能辨别面额，票面剩余 1/2（含 1/2）至 3/4 以下，其图案、文字能按原样连接的残缺、污损人民币，金融机构应向持有人按原面额的一半兑换。

纸币呈正十字形缺少 1/4 的，按原面额的一半兑换。

（3）票面剩余不足 1/2 的，不予兑换。

（4）兑付额不足一分的，不予兑换；五分按半额兑换的，兑付二分。

3. 业务规定

残缺、污损人民币持有人同意金融机构认定结果的，对兑换的残缺、污损人民币纸币，金融机构应当面将带有本行行名的“全额”或“半额”戳记加盖在票面上；对兑换的残缺、污损人民币硬币，金融机构应当面使用专用袋密封保管，并在袋外封签上加盖“兑换”戳记。

残缺、污损人民币持有人对金融机构认定的兑换结果有异议的，经持有人要求，金融机构应出具认定证明并退回该残缺、污损人民币。持有人可凭认定证明到中国人民银行分支机构申请鉴定，中国人民银行应自申请日起 5 个工作日内做出鉴定并出具鉴定书。持有人可持中国人民银行的鉴定书及可兑换的残缺、污损人民币到金融机构进行兑换。

金融机构应按照中国人民银行的有关规定，将兑换的残缺、污损人民币交存当地中国人民银行分支机构。

第三节　存款利息计算

一、存款利息计算规定

存款利息是储户在商业银行存储一定时期、一定金额的存款后，商业银行依据国家基准利率支付给储户本金以外的资金。利息计算包含三个基本要素，分别是本金、存期、利率。

利息 = 本金 × 存期 × 利率

本金指储户存款的金额。计算利息时，存款的本金计算起点为“元”，元以下的角、分不计息。利息金额计算至厘位（即小数点后三位），计至分位，分位以下四舍五入。

存期指储户存款的期限。在利息计算中存期都要折合成天数计算。

利率是指一定存期内利息额与存款金额的比率。中国人民银行公布各类存款的基准利率，商业银行依据基准利率浮动。我国于 2015 年 10 月放开了商业银行活期存款、一年以内（含一年）定期存款的利率上限。

我国人民币存款基准利率表

我国一般公布人民币存款年利率。由于存款期限不同，银行计算利息时需将年利率换算成月利率和日利率，换算公式为

月利率 = 年利率 ÷ 12

日利率 = 年利率 ÷ 360

二、存款利息计算方法

商业银行主要采用积数计息法和逐笔计息法计算利息。活期存款、零存整取、通知存款采取积数计息法计算利息。而整存整取、整存零取、存本取息、定活两便，银行采用逐笔计息法计算利息。

（一）积数计息法

积数计息法就是按实际天数每日累计账户余额，以累计积数乘以日利率计算利息的方法。积数计息法的计息公式为

利息 = 累计计息积数 × 日利率

其中，累计计息积数 = 账户每日余额合计数。

例：某储户活期储蓄存款账户变动情况如表 2.1 所示，银行计算该储户活期存款账户利息时，按实际天数累计计息积数，按适用的活期储蓄存款利率计付利息。

表 2.1 某储户活期储蓄存款账户变动情况

单位：人民币元

日期	存入	支取	余额	计息期	天数	计息积数
2022 年 1 月 2 日	10 000		10 000	2022 年 1 月 2 日—2022 年 2 月 2 日	32	32 × 10 000 = 320 000
2022 年 2 月 3 日		3 000	7 000	2022 年 2 月 3 日—2022 年 3 月 10 日	36	36 × 7 000 = 252 000
2022 年 3 月 11 日	5 000		12 000	2022 年 3 月 11 日—2022 年 3 月 20 日	10	10 × 12 000 = 120 000
2022 年 3 月 20 日			12 000			

银行每季末月 20 日结息，2022 年 3 月 20 日适用的活期存款年利率为 0.35%。因此，到 2022 年 3 月 20 日营业终了，银行计算该活期存款的利息为

利息 = 累计计息积数 × 日利率

=（320 000 + 252 000 + 120 000）×（0.35% ÷ 360）= 6.73 元

（二）逐笔计息法

逐笔计息法是按预先确定的计息公式逐笔计算利息的方法。采用逐笔计息法时，银行在不同情况下可选择不同的计息公式。

（1）计息期为整年（月）时，计息公式为

利息 = 本金 × 年（月）数 × 年（月）利率

（2）计息期有整年（月）又有零头天数时，计息公式为

利息 = 本金 × 年（月）数 × 年（月）利率 + 本金 × 零头天数 × 日利率

（3）银行也可不采用第一、第二种计息公式，而选择以下计息公式

利息 = 本金 × 实际天数 × 日利率

其中实际天数按照“算头不算尾”原则确定，为计息期间经历的天数减去一。

例：某客户 2023 年 3 月 1 日存款 10 000 元，定期 6 个月，当时 6 个月定期储蓄存款的年利率为 1.30%，客户在到期日（即 2023 年 9 月 1 日）支取，利息是多少？

（1）这笔存款计息为 6 个月，属于计息期为整年（月）的情况，银行可选择“利息 = 本金 × 年（月）数 × 年（月）利率”的计息公式。

利息 = 10 000 × 6 ×（1.30% ÷ 12）= 65.00 元

（2）银行也可选择“利息 = 本金 × 实际天数 × 日利率”的计息公式，这笔存款的计息期间为 2023 年 3 月 1 日至 9 月 1 日，计息的实际天数为 184 天。

利息 = 10 000 × 184 ×（1.30% ÷ 360）= 66.44 元

由于不同计息公式计算利息存在差异，储户可在存款时向银行咨询具体采用哪种计息方法。

第四节

商业银行存款业务管理

一、影响商业银行存款规模的因素

（一）宏观方面

宏观方面，存款规模主要受到经济周期、货币调控政策、金融监管等方面的影响。

1. 经济周期

当经济处于复苏、繁荣状态，经济整体处于上升趋势，商业银行的存款会增加；当经济处于衰退、萧条时，经济整体处于下行趋势，商业银行的存款会减少。

2. 货币调控政策

当政府实施紧缩的货币政策时，存款会减少；当政府实施扩张的货币政策时，存款会增加。

3. 金融监管

当政府实施较为灵活的监管政策时，存款增长明显；当金融监管较为严格时，存款增长较慢。

（二）微观方面

微观方面，存款规模受到存款利率、服务水平、存款渠道等因素的影响。

1. 存款利率

在利率市场化的环境下，商业银行的存款利率有所差别，而存款利率是客户选择存款银行最直接的影响因素，较高的存款利率会带来较大的存款规模。

2. 服务水平

商业银行提供存款服务，所能提供服务项目和服务的质量影响客户的选择，服务手段先进、服务效率高的商业银行会吸引更多的存款。

3. 存款渠道

随着商业银行智能化的发展，能够提供给客户的存款渠道不断增多，通过营业网点、手机银行、网络银行等渠道多方位地为客户提供存款渠道，有利于吸引更多的存款。

二、商业银行存款业务管理的目标

存款作为商业银行开展业务的主要资金来源，加强商业银行存款管理具有重要意义，商业银行存款管理的主要目标有三个。

（一）保持存款的合理增长

商业银行经营管理的目标之一是盈利性，要提高盈利能力需要保证充足的银行资产规模，而存款作为商业银行开展业务的主要资金来源，其规模大小直接影响银行资产规模的大小，为了提高盈利能力，商业银行需要通过多种途径和手段来保持存款的合理增长。但商业银行的存款规模过大、增长过快都会带来存款成本的上升，反而会降低盈利能力。

（二）优化存款结构

商业银行经营管理的另一个目标是流动性。商业银行储户来自不同的客户群体，并且不断地周转变化，各类存款的期限各不相同，有随时支取的，有存期稳定的，有存期较短的，有存期较长的，不同类型的存期会给商业银行使用这些资金带来比较大的影响，商业银行想要保持较好的流动性，需要优化各类存款结构比例，保证不同存期的存款的合理比例，同时也要积极进行存款业务创新，增加存款种类，优化存款结构，提高存款的稳定性。

（三）降低存款成本

商业银行获得存款的成本是支付存款利息，无论存款是否变为获利资产，都需要按照约定支付储户的利息，产生相应的经营成本，这些成本的高低直接影响了商业银行的盈利能力，因此，商业银行要努力降低存款成本，加强存款成本的控制，以提高商业银行的盈利能力。

三、商业银行存款业务管理策略

加强存款业务的管理直接关系到商业银行经营的成败。它影响到经营规模和市场占有率，也关系到成本、收入和盈利能力。

（一）保障客户存款的安全

存款人选择银行这个较为安全的场所存款，关心银行是否有能力将存款本金和利息如数兑现，关心银行是否会发生挤兑现象甚至倒闭。加强存款业务管理要保证客户存款的安全，保证储户的存款不受损失，保证存款人对存款的提取与支付要求，对存款认真履行存款自愿、取款自由、存款有息、为储户保密的基本原则。

（二）不断创新存款品种

在市场上，如果存款人有存款和以存款方式持有金融资产的意愿，对银行来说，是吸收存款的一个良好契机，能否吸收进来还要看其提供的存款品种能否满足存款人需求。因此，客户的需求和偏好是银行开发新产品的原动力。银行应在细分市场和产品的基础上，研究不同类型、不同层次客户的需求，有针对性地开发和创新相应的存款品种，使不同的存款人在其中都能找到适合自己的一款或几款产品，从而扩大资金来源。创新存款品种应力求在存款人心目中树立其独特的形象和心理感受，才能真正为存款人所接受和使用。

（三）创造优质的服务体系

商业银行产品具有同质性，银行间的竞争实际上已经成为服务品质的竞争。因此，商业银行必须在创造优质的服务体系上下功夫，从服务方式、服务态度等方面努力改善，在服务质量上讲求效率、杜绝差错，这样才能提升客户对银行的满意度和忠诚度，为自身在社会上赢得更高的信誉，从而增加银行的存款。

（四）加大产品营销力度

20 世纪 50 年代末，美国首先将市场营销理念引入银行界。现在，市场营销已经成为商业银行采取的重要手段，是银行在竞争中获得胜利的重要因素。商业银行的市场营销就是在一定的盈利条件下，引导顾客选择银行的服务与产品的活动。没有有效的市场营销活动，银行的产品和服务就不会为客户所认同和接受。因此，商业银行必须高度重视市场营销，推行满足客户需求的市场营销活动，把银行的优质服务和丰富的产品推广给客户，为客户所认知和认同，为银行吸收存款创造条件。

（五）大力发展电子银行业务

现代信息技术的快速发展，给银行带来了服务方式、经营模式和组织结构的变化。银行要大力发展电子银行业务，通过网络、电话、手机等新型的载体，使客户足不出户就能享受到银行的服务，并能办理相关的业务。这样既节约了客户的时间，提高了效率，又能扩大银行存款的来源，降低银行的经营成本，提高盈利水平。在未来，电子银行业务将成为商业银行增加存款的主要竞争手段。

拓展阅读资料

《银行营业网点服务基本要求》中关于柜台服务的规定

2015 年 12 月，中国人民银行联合国家质量监督检验检疫总局和国家标准化管理委员会发布《银行营业网点服务基本要求》标准。标准规定了银行营业网点服务环境、服务功能、服务管理、消费者权益保护等基本内容。其中对于柜台服务有以下规定。

1. 服务规范

（1）仪容仪表

银行营业网点员工应着职业装，以规范的仪容仪表上岗服务。仪容仪表相关要求如下：

——网点员工应统一着装，佩戴工号牌上岗；衣着整洁，礼仪规范。

——网点员工应友善对待客户，行为文明、举止大方，与客户的沟通亲切友好。

——驻点非银行工作人员应按规定着装，佩戴相应工作标识，并与银行营业网点人员有明显区分，服务行为应符合网点服务规范要求。

（2）服务用语

银行营业网点员工应坚持文明用语，礼貌待客。服务用语相关要求如下：

——应提倡网点员工使用普通话，必要时可提供方言、英语及手语服务，努力为各类客户创造无障碍沟通环境。

——网点员工与客户交流时应使用文明用语，语言贴切、语句清晰、语速音量适中、语气亲切。

（3）服务纪律

银行营业网点应有严格的服务纪律和服务规范，要求和约束全员做好文明规范服务。服务纪律相关要求如下：

——应严格执行各项业务操作规程，按制度规定受理、处理业务。

——应严格按照对外公示的时间营业，未经上级机构批准，不得中途或提前停止营业，如有特殊情况，应事先对客户进行公告。

——应坚持优先服务客户的原则，营业中员工因故需要离开柜台暂停业务时应以提示牌等方式及时告知客户，妥善引导客户到其他柜台办理业务。

2. 服务效率

银行营业网点应结合实际，加强引导分流，强化员工技能，全面提升网点服务效率，相关要求如下：

——应灵活排班，设置弹性柜台或服务窗口，根据业务流量合理调配网点资源。

——应定期对网点员工进行技能培训，提高员工技能熟练程度，提升服务效率。

——宜对客户进行客流高低峰时段的提示，方便客户灵活选择办理业务的时段。

——宜通过主动识别、引导分流客户，提高柜面业务办理效率，减少客户等待时间。

3. 客户异议处理

银行营业网点应畅通客户异议受理渠道，明确客户异议处理流程，及时处理客户异议，满足客户合理诉求，并通过认真分析总结客户异议涉及的问题持续改进服务。客户异议处理相关要求如下：

——应采取有效措施使客户清楚了解异议处理的程序、渠道、方法及预计处理时间。

——应坚持首问负责制，对客户异议快速响应、及时处理。

——应安排专人管理客户异议处理工作。

——应在规定的时限内对客户异议进行受理、处理及反馈。

——应建立并妥善保管客户异议处理的相关资料，严格维护客户的合法权益。

——应及时进行客户异议分析，持续改进流程及经营管理等方面的不足，不断提高网点服务水平。

——客户异议处理的相关资料，规定期限内应妥善保存，以备查阅，超过规定期限的，应妥善销毁。

（中华人民共和国国家标准 GB/T 32320—2015）

本章测试

思考题：

1. 简述商业银行存款的含义。

2. 简述商业银行存款的种类。

3. 简述商业银行取款业务办理流程。

4. 简述残缺、污损人民币兑换业务的兑换标准。

实操题目：

1. 进入一家商业银行，办理一次存款业务，完成实践报告一份，报告包含以下内容：

（1）陈述存款业务办理流程。

（2）谈一谈在业务办理过程中服务方面存在的问题。

（3）谈一谈如果你是柜员，将如何改进服务。

2. 完成本章情境引入中的问题。

第三章
商业银行贷款业务

本章学习目标

理解商业银行贷款的含义。

掌握商业银行贷款业务种类。

能够按照流程办理商业银行贷款业务。

能够计算各类贷款利息。

了解影响商业银行贷款规模的因素。

了解商业银行贷款业务管理的定价方法和管理策略。

本章知识思维导图

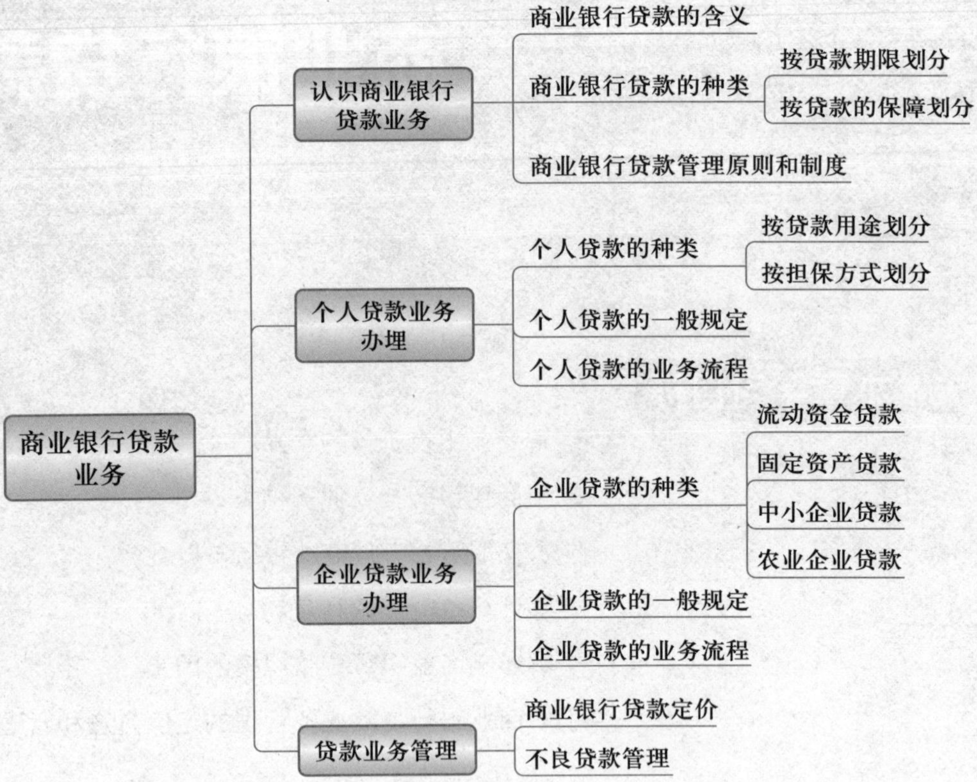

本章关键术语

贷款　信用　贴现　贷款原则　贷款管理　授信　个人住房贷款　个人消费贷款　抵押　质押　利息

本章情境引入

一位青年男性顾客进入银行大堂，来到银行信贷柜台前。

客户经理与其交流："您好，请问您有什么需求？"客户咨询："你好，我计划购买一套住房，想咨询一下我是否符合贷款条件，如果办理贷款需要哪些材料？一般流程是什么样的？"

情境引入微视频

假设你是客户经理，请认真学习本章内容，学习后回答客户提出的贷款相关问题。

第一节

认识商业银行贷款业务

一、商业银行贷款的含义

商业银行贷款是指商业银行作为贷款人，按照一定的贷款原则和政策，以还本付息为条件，在一定时间内将一定数量的货币资金提供给借款人使用，借款人在规定时间内按约定条件偿还本金和利息的一种借贷行为。

贷款是商业银行最重要的资产业务之一，是其利润的主要来源。在商业银行贷款业务中，商业银行是作为货币资本的贷出者与借入者之间的中介人，来实现资金在盈余者和需求者之间的融通，并从吸收资金的成本与发放贷款利息收入的差额中，获取利益收入，形成银行利润。商业银行贷款一般要求提供担保、房屋抵押、收入证明等，并要求借款人征信良好才可以申请。

二、商业银行贷款的种类

商业银行贷款种类的划分涉及借款人的借款行为、贷款对象、用途、期限、利率和方式等因素，而这些因素的不同组合，就形成了不同的贷款种类。划分和研究贷款种类的目的是针对不同类型性质的贷款，采取不同的策略和管理方法来提高银行贷款资产的质量，提升贷款合同履约率，减少银行贷款坏账的发生。

（一）按贷款期限划分

按贷款期限，贷款可分为短期贷款、中期贷款、长期贷款。

1. 短期贷款

短期贷款是指贷款期限在 1 年以内（含 1 年）的贷款。银行短期贷款又可以分为银行对银行的贷款和银行对非银行的贷款。其中，银行同业之间的短期贷款又被称为银行同业拆放，在整个短期信贷中占主导地位。

2. 中期贷款

中期贷款是指贷款期限在1年以上、5年以下（含5年）的贷款。中期贷款金额大，期限较长，利率比短期贷款高。中期贷款一般用于企业营运资本，是中小企业取得固定资本的主要途径。

3. 长期贷款

长期贷款是指金融企业发放的贷款期限在5年（不含）以上的各种贷款。长期贷款的期限长，一般在5~15年，个别甚至长达50年以上。长期贷款的投向主要是基础设施建设投资、设备贷款等固定资产投资、农业林业畜牧业长期性贷款等建设性投资。由于长期贷款资金占用时间长、占用金额大、流动性大、风险高，所以相对利息率较高。

一般来讲，贷款期限越长，贷款面临的市场风险和客户违约风险越大。商业银行应严格控制中长期贷款的比重。在我国资产负债比例控制指标体系中，对中长期贷款的规模进行了约束，如要求余期一年期以上（不含）的人民币中长期贷款与余期一年期以上的人民币存款之比不得超过120%。

（二）按贷款的保障划分

按贷款的保障，贷款可分为信用贷款、保证贷款、抵押贷款和质押贷款。贷款按保障程度划分有利于商业银行规范信贷资产管理，优化信贷资产组合，加强信贷资产防范，确保按期收回贷款本息。

1. 信用贷款

信用贷款是指以借款人的信誉为保障条件发放的贷款。信用贷款仅限于信誉良好、经营好、经济实力强、无不良信用记录、预测未来现金流量足以偿还贷款本息的客户。因为信用贷款的本息回收完全依赖于客户的信用，银行无任何保障，所以银行在发放信用贷款时往往附加一定条件，且要收取较高的利息。最典型的信用贷款是信用卡贷款。

2. 保证贷款

保证贷款是指按《中华人民共和国民法典》规定的保证方式以第三人承诺在借款人不能偿还贷款时，按约定承担一般保证责任或者连带责任而发放的贷款。要求保证人必须有良好的资信并有足够的资产提供担保。

3. 抵押贷款

抵押贷款是指按《中华人民共和国民法典》规定的抵押方式以借款人或第三人的一定财产作为抵押物发放的贷款。借款人到期不能归还贷款本息，银行有权按照法律规定处理抵押物，并优先收回贷款本息。

4. 质押贷款

质押贷款是指按《中华人民共和国民法典》规定的质押方式以借款人或第三人的动产或权利作为质物发放的贷款。质物包括经银行认定的有价证券、金融机构的定期存单、仓单、应收账款、知识产权等。

贴现和贷款的比较

三、商业银行贷款管理原则和制度

（一）贷款管理的基本原则

贷款管理的基本原则是指银行对贷款人发放贷款的基本准则，是银行和借款人必须共同遵守的行为准则，也是约束银行贷款活动的行为规范。遵守贷款管理的基本原则可以很好地保证借贷双方的利益，避免风险，建立良好的金融运行秩序和环境。所以，各国都对商业银行贷款做出了一些原则性规定，为规范金融机构的贷款业务，建立健全贷款管理秩序，维护借贷双方合法权益，我国《贷款通则》也对商业银行贷款管理的基本原则做出了规定，金融机构经营贷款业务，应当遵守下列原则：

1. 合法原则

金融机构经营贷款业务，应当遵守法律法规和中国人民银行行政规定。任何不符合国家法律法规和中国人民银行规定的，都必须禁止。同时，《中华人民共和国商业银行法》规定："商业银行根据国民经济和社会发展的需要，在国家产业政策指导下开展贷款业务。"

2. 自主经营原则

金融机构有权根据自身信贷资金的营运状况、贷款项目的盈利前景、借款人的资信情况和偿还能力等，依法自主决定贷与不贷、贷多贷少。《中华人民共和国商业银行法》规定："任何单位和个人不得强令商业银行发放贷款或者提供担保。商业银行有权拒绝任何单位和个人强令要求其发放贷款或者提供担保。"

3. 效益性、安全性、流动性原则

金融机构发放贷款，应在法律允许的范围内，努力追求自身经济效益的最大化，并充分考虑社会效益。同时，还应严格审查，加强管理，积极运用法律等手段，确保贷款债权的安全，预防和控制贷款风险，避免发生贷款损失。金融机构经营贷款业务时，还应按照资产负债比例管理的有关规定，控制中长期贷款的比重，加强资产的流动性管理。

4. 平等、自愿、公平、诚信原则

此项原则是金融机构在贷款业务中，处理与借款其他有关当事人（如保证人、抵押人、出质人）关系的基本准则。当事人因借贷、担保而发生的法律关系，本质上是平等主体之间的民事法律关系。

5. 公平竞争原则

此项原则是金融机构在开展贷款业务中，处理与同业之间关系的基本准则。应当公平竞争、相互协作，不得进行不正当竞争。在贷款业务上的不正当竞争，主要表现为违反规定擅自提高或降低贷款利率，或者变相提高或降低贷款利率。

6. 有担保原则

根据《中华人民共和国商业银行法》的规定，金融机构发放贷款，除委托贷款外，借款人应当提供担保。

（二）贷款管理制度

贷款管理制度是国家有关经济政策和银行管理制度在贷款过程中的具体体现，是指导银行贷款决策，控制风险和保证利益的具体体现。相比银行贷款管理原则，银行贷款管理制度更具差异性和时效性。

1. 审贷分离

审贷分离是指在办理信贷业务过程中，银行对贷款的调查、审查、审议、审批、经营管理等环节的工作职责进行科学分解，由不同层次和不同部门（岗位）工作人员承担，并规范信贷业务各环节经营管理者的行为，实现信贷部门相互制约的制度。

信贷业务前台经营和后台审批决策由不同岗位或部门的人担任，信贷人员只负责前期调查推荐，贷后监管、债权保全和本息收回。审批人员不见客户，根据信贷人员提供的材料发表意见。审贷分离制度可以实现信贷和审批人员的互相监督、互相制约，降低不良贷款风险，提高银行抗风险能力。同时由于审查人员和信贷人员的独立审核，还可以保证银行贷款审批业务的独立性和科学性，降低贷款违约率，提高银行效益和管理水平。

2. 信贷授权

信贷授权是指银行业等金融机构对其所属业务职能部门、分支机构和关键业务岗位开展的授信业务权限的具体规定，也就是在信贷审批和发放过程中，银行内部逐级以授权书的形式，采取自顶向下逐级授权的程序，对贷款的审批权限进行授权。

信贷授权大致可分为以下三种类型：

（1）直接授权。直接授权是指银行业对总部相关授信业务职能部门或由总部直接管理的部门授予全部或部分信贷产品一定期限、一定金额内的授信审批权限。

（2）转授权。转授权是指接受上级信贷授权的业务部门在其被授予的权限内，对本级各有权审批人、相关授信业务职能部门和所辖分支机构转授一定的授信审批权限。根据贷款相关管理规定，贷款人应建立健全内部直接授权与转授权机制。审批人员应在授权范围内按规定流程审批贷款，不得越权审批。

（3）临时授权。临时授权是指授权者因故不能履行业务审批职责时，临时将自己权限范围内的信贷审批权限授予其他符合条件者代为行使，并到期自动收回。

信贷授权是银行业金融机构信贷管理和内部控制的基本管理制度之一，通过授权管理可以健全内部控制体系，增强银行防范和控制风险的能力，并有利于优化流程、提高效率，以实现风险收益的最优化。集中管理是为了控制风险，合理授权则是为了在控制风险的前提下提高效率。信贷授权管理制度对于有效强化银行业金融机构的统一管理与内部控制，增强银行业金融机构防范和控制风险的能力具有重要意义。

3. 统一授信

统一授信是指银行对其贷款客户实行授信总量控制，以达到控制风险、提高效率为目的的一种管理制度，具体是指银行作为一个整体，按照一定标准和程序，对单一客户统一确定授信额度，并加以集中统一控制的信用风险管理制度。统一授信项下各类不同贷款业务如贷款、商业汇票贴现、商业汇票承兑、信用证等表内外授信业务，只要授信余额不超过对应的业务品种额度，在企业经营状况正常的前提下，企业可便捷地循环使用银行的授信资金，从而满足企业对金融服务快捷性和便利性的要求。统一授信制度可以使银行更好地控制贷款总量，同时贷款人也可以获得资金使用的便利性，提高了资金利用效率，降低了风险。

第二节

个人贷款业务办理

个人贷款又称零售贷款业务，是指银行向符合贷款条件的自然人发放的用于个人消费、生产经营等用途的贷款。

一、个人贷款的种类

个人贷款的种类按照不同的标准有不同的划分方法。按贷款用途和担保方式可以划分为不同的个人贷款品种。

（一）按贷款用途划分

按贷款用途，可以将个人贷款分为个人住房贷款、个人消费贷款、个人经营类贷款。

1. 个人住房贷款

个人住房贷款是指贷款人向借款人发放的用于购买住房的贷款。个人住房贷款是一种消费性贷款，是指银行向具有完全民事行为能力人发放的用于购买自用普通住房的贷款。贷款人发放个人住房贷款时，借款人必须提供担保。借款人到期不能偿还贷款本息的，贷款人有权依法处理其抵押物或质物，或由保证人承担偿还本息的连带责任。

个人住房贷款又可以分为以下几种。

（1）自营性个人住房贷款。自营性个人住房贷款也就是商业性个人住房贷款，是指银行运用自有资金向在城镇购买各自用住房的自然人发放的贷款。

（2）个人住房公积金贷款。它是指住房公积金管理中心运用住房公积金委托商业银行发放的个人住房贷款。住房公积金贷款是政策性的个人住房贷款，住房公积金贷款的利率低于商业性个人住房贷款。

（3）个人住房组合贷款。它是指按时足额缴存住房公积金的职工在购买、建造或大修住房时，可以同时申请个人住房公积金贷款和商业性个人住房贷款，从而形成特定的个人住房贷款组合。组合贷款的利率高于住房公积金贷款、低于商业性个人住房贷款，这种贷款方式一般作为公积金贷款不能满足个人贷款需求的一种补充形式。

2. 个人消费贷款

个人消费贷款也称消费者贷款，是商业银行和金融机构以消费者信用为基础，对消费者个人发放的，主要用于购置耐用消费品或支付其他费用的贷款。

消费贷款的发放以消费者的信用及未来的购买力为基础，主要用于消费者家庭或个人购买消费品或支付其他与个人消费相关费用，比如个人汽车贷款、个人教育贷款、个人耐用消费品贷款、个人消费额度贷款、个人旅游消费贷款和个人医疗贷款等。消费贷款的迅速发展，对于促进消费、促进经济发展和活跃市场起到了重要作用。

3. 个人经营类贷款

个人经营类贷款是指银行向从事合法生产经营的个人发放的，用于定向购买或者租赁商用房、机械设备，以及用于满足个人控制的企业（包括个体工商户）生产经营流动资金需求和其他合理资金需求的贷款。

根据贷款用途的不同，个人经营类贷款又可以分为以下两种。

（1）个人经营专项贷款。个人经营专项贷款是指银行向个人发放的用于定向购买或租赁商用房和机械设备，且其主要还款来源是由经营产生的现金流获得的贷款。比如商用房贷款和设备贷款。商用房贷款是指银行向个人发放、用于定向购买或租赁商用房所需资金的贷款，如中国银行的个人商用房贷款。设备贷款是指银行向个人发放、用于购买或租赁生产经营活动中所需设备的贷款，比如光大银行的个人工程机械按揭贷款。

（2）流动资金贷款。流动资金贷款是指银行向从事合法生产经营的个人发放、用于满足个人控制的企业（包括个体工商户）生产经营流动资金需求的贷款。比如中国银行的个人投资经营贷款，中国建设银行的个人助业贷款等贷款产品。

（二）按担保方式划分

按担保方式，可以将个人贷款分为个人信用贷款、个人质押贷款、个人抵押贷款、个人保证贷款。

1. 个人信用贷款

个人信用贷款是指银行向个人发放、凭借个人信用而无须提供任何担保的贷款。比如中国工商银行发放的为解决借款人临时性的消费需求的期限在1年以内、金额在2万元以下、无须提供担保的人民币信用贷款。其发放额度主要由借款人的信用等级和信用记录来确定，等级越高，信用额度越大；反之越小。

2. 个人质押贷款

个人质押贷款是指个人以合法有效、符合银行规定条件的质物出质，向银行申请取得一定金额的人民币贷款，并按期归还贷款本息的个人贷款业务。

质押就是债务人或第三人将其动产移交债权人占有，将该动产作为债权的担保，当债务人不履行债务时，债权人有权依法就该动产卖得价金优先受偿。该财产称为质物，提供财产的人称为出质人，享有质权的人称为质权人出质，也就是质押。质押分为动产质押和权利质押，也就是借款人将自己所有的物品或权利交付出去作为抵押个人质押贷款的质物，比如汇票、支票、本票、债券、存款单、仓单、提单或者其他可以转让的基金份额、股权以及可以转让的注册商标专用权、专利权、著作权等知识产权中的财产权等法律规定可以出质的其他财产权利。

3. 个人抵押贷款

个人抵押贷款是指贷款银行以借款人或第三人提供、经贷款银行认可、符合规定条件的个人财产作为抵押物而向个人发放的贷款。借款人不履行还款义务时，银行有权依法以该财产折价或者以拍卖、变卖财产的价款优先受偿。

根据《中华人民共和国民法典》的规定，债务人或者第三人有权处分的下列财产可以抵押：建筑物和其他土地附着物；建设用地使用权；海域使用权；生产设备、原材料、半成品、产品；正在建造的建筑物、船舶、航空器；交通运输工具；法律、行政法规未禁止抵押的其他财产。

4. 个人保证贷款

个人保证贷款是指银行以银行认可的具有代位清偿债务能力的法人、其他经济组织或自然人作为保证人而向个人发放的贷款。

个人保证贷款的特点是手续简便，保证人愿意提供保证，银行经过核保认定保证人具有保证能力，签订保证合同即可，涉及银行、借款人和保证人三方；办理时间短、环节少，出现纠纷可通过法律途径解决。

二、个人贷款的一般规定

金融机构人民币贷款基准利率

（一）贷款方

贷款方必须是国家批准的专门金融机构。全国的信贷业务只能由国家金融机构办理，其他任何单位和个人无权与借款方发生借贷关系。只有各个国家批准的具有办理贷款业务资质的金融机构才可以开展个人贷款业务。

（二）贷款对象

（1）贷款对象有正当且有稳定的经济收入的良好职业，有按期偿还贷款本息的能力；

（2）贷款对象遵纪守法，没有违法行为及不良信用记录；

（3）贷款对象在贷款银行开立个人结算账户，是在中国境内有固定住所、有当地常住户口、具有完全民事行为能力的中国公民；

（4）贷款对象能出具贷款用途证明文件；

（5）贷款对象符合各行另行规定的其他条件。

（三）贷款期限

个人贷款期限一般根据借款人的申请、收入状况、贷款用途、资金周转情况确定，结合不同的贷款种类，执行以下期限：

（1）个人消费类汽车贷款期限一般不超过5年；

（2）个人住房贷款期限最长一般不超过30年；

（3）个人商业用房贷款最长一般不超过10年；

（4）个人经营贷款期限最长一般不得超过3年；

（5）个人全额存单质押贷款期限不得超过质押存单的到期日，若为多张存单质押，按距离到期日最近的确定贷款期限；

（6）失业人员小额担保贷款期限最长一般为2年。

（四）严格执行贷款面谈、面签制度

通过面谈、面签制度，有效鉴别个人客户身份，了解借款的真实用途，调查借款人的信用状况和还款能力。

（1）对通过电子银行渠道发放的低风险个人全额存单质押贷款，可以不进行贷款面谈，但至少应当采取有效措施确定借款人的真实身份。

（2）除电子银行渠道办理的贷款，必须要求借款人当面签订借款合同

及其他相关文件。

三、个人贷款业务流程

下面以个人房产抵押贷款为例说明个人贷款的业务流程。

（一）要求客户提供资料

（1）房地产所有权证（按照房地产相关法规规定从事抵押、买卖、转让、继承及赠与的房产均须办理房产及土地证的两证合一）原件及复印件两份；

（2）夫妻双方身份证原件及复印件两份；

（3）户口簿原件及复印件两份；

（4）结婚证原件及复印件两份，如离异，需提供法院判决书、财产分割书和离婚证书；

（5）如该房产人后续办理相关贷款事宜，须提供个人征信记录。

（二）检查核对材料

检查材料是否齐全；检查三证是否一致；核对身份材料是否真实。抵押的房产仅限于具有完全所有权的房产，不包括按揭房产。在建房产、集资房产和集体土地房产等不予办理抵押贷款，划拨土地的应从严控制风险（建议控制该房产的折贷率为六成以下）。上述资料核实过程中，须风险控制（以下简称风控）部门指定风控员参与核实。

（三）实地勘察

双人（客户经理及风控员各一人）去实地查看房产（抵押物）真实性：房产的地名、新旧、朝向、布局、装修情况、周围环境、房产照片等，填写相关的《房产实地查勘鉴定表》并设法了解资金用途及计划还款来源。

（四）估价

房产的估价应以相对应的同期成交价格及相关评估机构提供的参考价格为依据，房改房等房产可根据市场价格双方协商确定估价。

（五）审批流程

完成上述工作后，客户经理须按照实际了解情况及估价情况如实填写《个人贷款调查表》及《个人贷款审批表》（此表须后附：个人贷款资料、《房产实地查勘鉴定表》、抵押物照片等）。风控员须如实填写《风控意见表》，两表及资料完整后，须有业务部门经理及风控部门经理签字审批，如需评审会评议，由风控部门经理发起，并在会前准备《评审会意见表》。会后无论通过与否，与会人员如实签署意见（如未通过，也签署相关意见，以留备档），并在相应的《个人贷款审批表》上签署意见。

（六）确定贷款金额、费率及期限

（1）依据估价值并参考业务自身风险水平及客户需求等因素确定抵押金额，房产的抵押折扣率应控制在评估值的 50%~65% 之间，但形式上单笔金额不得超过相关规定。

（2）费率在付贷款时一次性扣清。

（3）合同期限一次不超过 3 个月。与客户所约定利率、金额、还款卡号及期限必须在《个人贷款调查表》中注明，并在后续签署的借款合同（借条）中注明。

（七）签约

客户经理及风控员双人与客户签订《授信业务申请表》《借款合同》《抵押合同》《授权委托书》《征信查询授权书》等。必要时应对签订的各类文本（如房产委托拍卖合同、委托书及强制执行公证等）进行公证。如无特殊情况，签约地点应为贷款银行设立的签约室（建议安装视频及音频采集设备，以备不时之需）。《个人贷款审批表》应注明具体签约时间，以备查阅视频资料。

（八）办理他项权利证书

填写《房屋抵押登记申请表》，到房产登记部门办理他项权利登记（如单位房屋凭房管部门征询异议函先到土管部门进行土地抵押审核），取得他项权利证书。办理手续完成后他项权利证书、房地产所有权证及必要质押的证件（如身份证、个人印鉴等）及相关资料、合同、审批表等须交由内勤档案部门保管，交接时，必须填写《档案交接表》，双方（客户经理及内勤人员）签字。

（九）发放贷款

客户经理须填写《用款单》并由相关人员（包括客户经理、风控员、内勤人员及财务审批人）签字，由财务出纳根据《个人贷款审批表》及《用款单》等支付贷款款项并收取相应的利息及相关费用。

（十）材料存档

发放贷款后，该客户的贷款资料、流程文件、相关证件以及《个人贷款审批表》等均由内勤人员建档并加以保管，并将业务客户的基本情况及业务操作流程录入《业务台账》。如需调阅，须填写《资料查阅单》并由内勤人员予以统一登记。

（十一）抵押贷款到期通知

对抵押贷款即将到期的客户，在还款到期日前 3 天应予以通知。

（十二）办理展期

对符合展期条件的客户予以办理展期手续。办理展期客户须提前 3 天向客户经理提出合理的展期请求，并由客户经理填写《业务展期审批表》，必要时客户经理或业务部门经理须与展期客户面谈或再次入户调查，务必在《业务展期审批表》中阐明真实情况，此工作可申请风控部门同时介入。

（十三）回赎、归还贷款、办理抵押注销

客户如期归还贷款并付清所有费用，客户经理经由财务人员确认后，协助填写房地产抵押注销登记申请审批表并盖章，到房产登记部门办理抵押注销，归还房产三证及其他材料。

（十四）逾期处理

对逾期 5 天既不回赎也不办理展期的客户进行发函或电话催讨，超过 15 天的立即上报公司法务，讨论、制定处理办法。进行逾期处理的，对抵押的房地产进行变卖 / 拍卖后，以变卖 / 拍卖款偿还贷款本息及有关费用，多余部分归还客户，不足清偿部分再向客户追索。

第三节

企业贷款业务办理

企业贷款是指银行为了满足企业生产经营的需要，按照规定利率和期限向各类企业提供资金用于帮助企业生产经营的一种借款方式。企业的贷款主要是用来进行固定资产购建、技术改造等大额长期投资。

一、企业贷款的种类

（一）流动资金贷款

流动资金贷款是企业为满足日常经营，购买原材料、支付仓储费用而需要的贷款，一般用于满足企业短期、中期融资，可以满足企业短期资金需求，也可以与银行签订多期授信协议。

流动资金贷款按期限可分为以下几种。

（1）临时流动资金贷款：期限 3 个月以内，主要用于满足企业一次性进货的临时性资金需要和弥补其他支付性资金不足。

（2）短期流动资金贷款：期限 3 个月到 1 年，主要用于满足企业正常生产经营中周期性、季节性资金的需要。

（3）中期流动资金贷款：期限 1~3 年，主要用于满足企业正常生产经营中发生的中期流动性需求。

（二）固定资产贷款

固定资产贷款是指银行向借款人发放的用于固定资产项目投资的中长期贷款。

固定资产贷款按贷款用途分为以下几种。

（1）基本建设贷款：是指用于经政府机关批准的基本建设项目的中长期贷款。

（2）技术改造贷款：是指用于经政府机关批准的技术改造项目的中长

期贷款。

（3）科技开发贷款：是指用于新技术和新产品的研制开发、技术成果向生产领域转化或应用而发放的贷款。

（4）商业网点贷款：是指商业、餐饮、服务企业为满足扩大网点、改善服务设施、增加仓储面积等所需，在自筹建设资金不足时向银行申请的贷款。

（三）中小企业贷款

中小企业贷款是企业贷款的重要组成部分，指银行向中小企业法定代表人或控股股东（社会自然人，以下简称借款人）发放的，用于补充企业流动性资金周转等合法指定用途的贷款。我国按照从业人员、营业收入、资产总额等指标，并结合行业特点，将中小企业划分为中型、小型、微型三种类型。随着我国要求进一步强化中小微企业金融服务，中小企业贷款在银行信贷体系中地位、所占的份额有明显的提升。

中小企业划型标准规定

（四）农业企业贷款

农业企业贷款是指金融机构针对农业生产的需要，提供给从事农业生产的企业和个人的贷款。与工商业贷款相比，农业企业贷款因为农业生产的特点有，其主要特点有：一是期限较长，农业生产周期长，其资金周转也比工商业慢，因此农业贷款的期限也比工商业贷款期限长；二是利息较低，农业生产受自然条件影响大，风险也大，同时农业发展对整个国民经济发展起基础性作用，因此在贷款利息上会给予相应补贴。

现行金融统计制度中，把农业贷款分为农业短期贷款和农业中长期贷款。

（1）农业短期贷款：贷款期限在 1 年以内（含 1 年）的短期农业流动资金贷款，这类贷款主要用于农业生产费用、农副产品加工及运销和农业科技活动等方面。

（2）农业中长期贷款：贷款期限在 1 年以上，主要是用于农业固定资产投资的贷款。

此类贷款利息较低，因为许多国家的政府为求得社会的安定，均实行鼓励和支持农贷低利的政策。农业生产者的信用合作社也实行贷款低利的原则，有的还由政府补贴，提供无息贷款。

另外，随着我国经济改革的深化和市场的不断发展，我国商业银行面临的竞争也越来越激烈，为了拓展自身利润空间同时支持企业特别是中小企业的发展，商业银行在控制风险的基础上也积极进行金融创新，推出了股票质押贷款、外汇质押贷款、单位定期存单质押贷款、黄金质押贷款、银团贷款、银行承兑汇票、银行承兑汇票贴现、商业承兑汇票贴现、买方或协议付息票据贴现、有追索权国内保理、出口退税账户托管贷款等多种企业贷款。

二、企业贷款的一般规定

（一）企业借款单位必须具备的基本条件

（1）须经国家市场监督管理部门批准设立，登记注册，持有营业执照；

（2）实行独立经济核算，自主经营、自负盈亏，即企业有独立从事生产、商品流通和其他经营活动的权利，有独立的经营资金、财务计划与会计报表，依靠本身的收入来补偿支出，独立地计划盈亏，独立对外签订购销合同；

（3）有一定的自有资金；

（4）遵守政策法令和银行信贷、结算管理制度，并按规定在银行开立基本账户和一般存款账户；

（5）产品有市场；

（6）生产经营有效益；

（7）不挤占挪用信贷资金；

（8）恪守信用等十余项内容。

（9）有按期还本付息的能力，即原应付贷款本金及利息已偿还，没有偿还的已经做了银行认可的偿还计划；

（10）经市场监督管理部门办理了年检手续；

（11）资产负债率符合银行的要求等，申请贷款情况说明书要求填写两份，加盖公司公章，提供法人的人名章以及法人委托他全权办理贷款手续的委托书，企业法人的概况。

（二）借款申请表的填写及准备材料

（1）法定发证机关办理的年审合格的本企业贷款证。

（2）贷款申请报告。报告载明了下列内容：企业的基本情况，包括注册资金、企业性质、隶属关系、办公地点、联系电话、联系人、主营业务及企业介绍；企业法人概况，包括姓名、性别、文化程度、专业职称、曾经从事的职业及职务、有何业绩等；详细写清借款金额、用途、期限、还款途径及担保形式，附上项目可行性报告、购销合同等；企业财务情况，包括货币资金、存货量、负债总额、所有者权益合计、总资产、本期净利润以及最近一年累计利润总额。

（3）财务报表。其包括两方面内容：上年度的资产负债表、损益表和财务状况变动表；本期的资产负债表和损益表。

（4）有关证件、证明（借款人、担保人均须提交）。这些证明包括：营业执照的副本及其复印件；法人身份证及其复印件；如有其他人代替法人签字，还需提交本人身份证复印件及法人授权委托书（授权委托书需有法人亲笔签字并加盖公章）。

（5）保证贷款需提交的资料，即保证单位的营业执照副本及复印件；保证单位的财务报表，包括上年度的资产负债表、损益表和财务状况变动表，本期的资产负债表和损益表；保证单位同意保证的证明书，需加盖公章。

（6）抵、质押担保贷款需提交的资料。如：抵押、质押物的详细目录和产权或所有权证明；抵押物和动产质押物价值证明；抵押物和动产质押物经银行指定中介机构出具的评估报告；权利质押物鉴定书；登记机关办理登记的证明文件和证书等。

三、企业贷款业务流程

（一）建立信贷关系

申请建立信贷关系时企业须提交《建立信贷关系申请书》一式两份。银行在接到企业提交的申请书后，要指派信贷员进行调查。调查内容主要包括：

（1）企业经营的合法性。企业是否具有法人资格必需的有关条件。对具有法人资格的企业应检查营业执照批准的营业范围与实际经营范围是否相符。

（2）企业经营的独立性。企业是否实行独立经济核算，单独计算盈亏，有独立的财务计划、会计报表。

（3）企业及其生产的主要产品是否属于国家产业政策发展序列。

（4）企业经营的效益性。企业会计核算是否准确，符合有关规定；财务成果的现状及趋势。

（5）企业资金使用的合理性。企业流动资金、固定资金是否分开管理；

流动资金占用水平及结构是否合理，有无被挤占、挪用。

（6）新建扩建企业。扩大能力部分所需流动资金 30% 是否已筹足。如暂时不足，是否已制订在短期内补足的计划。信贷员对上述情况调查了解后，要写出书面报告，并签署是否建立信贷关系的意见，提交科（股）长、行长（主任）逐级审查批准。经行长（主任）同意与企业建立信贷关系后，银企双方应签订《建立信贷关系契约》。

（二）提出贷款申请

已建立信贷关系的企业，可根据其生产经营过程中合理的流动资金需要，向银行申请流动资金贷款。以工业生产企业为例，申请贷款时必须提交《工业生产企业流动资金借款申请书》。银行依据国家产业政策、信贷政策及有关制度，并结合上级行批准的信贷规模计划和信贷资金来源对企业借款申请进行认真审查。

（三）贷款审查

贷款审查的主要内容有以下几项。

（1）贷款的直接用途。符合工业企业流动资金贷款支持范围的直接用途有：

① 合理进货支付货款；

② 承付应付票据；

③ 经银行批准的预付货款；

④ 各专项贷款按规定的用途使用；

⑤ 其他符合规定的用途。

（2）企业近期经营状况。其主要包括：物资购、耗、存及产品供、产、销状况，流动资金占用水平及结构状况；信誉状况；经济效益状况等。

（3）企业挖潜计划、流动资金周转加速计划、流动资金补充计划的执行情况。

（4）企业发展前景。这主要包括企业所属行业的发展前景，企业发展方向，主要产品结构、寿命周期和新产品开发能力，主要领导人实际工作能力，经营决策水平及开拓、创新能力。

（5）企业负债能力。这主要指企业自有流动资金实有额及流动资产负债状况，一般可用自有流动资金占全部流动资金比例和企业流动资产负债率两项指标分析。

（四）签订借款合同

借款合同是贷款人将一定数量的货币交付给借款人按约定的用途使用，借款人到期还本付息的协议，是一种经济合同。借款合同有自己的特征，合同标的是货币，贷款方一般是国家银行或其他金融组织，贷款利息由国家规定，当事人不能随意商定。当事人双方依法就借款合同的主要条款进行协商，达成协议。由借款方提出申请，经贷款方审查认可后，即可签订借款合同。借款合同应具备下列条款：

（1）借款种类；

（2）借款用途；

（3）借款金额；

（4）借款利率；

（5）借款期限；

（6）还款资金来源及还款方式；

（7）保证条款；

（8）违约责任；

（9）当事人双方商定的其他条款。

借款合同必须由当事人双方的代表或凭法定代表授权证明的经办人签章，并加盖公章。

（五）发放贷款

企业申请贷款经审查批准后，应由银企双方根据贷款种类签订相关种类的借款合同。签订合同时应注意项目填写准确，文字清楚工整，不能涂改；借、贷、保三方公章及法人代表签章齐全无误。借款方立借据，借款借据是书面借款凭证，可与借款合同同时签订，也可在合同规定的额度和有效时间内，一次或分次订立。银行经办人员应认真审查核对借款申请书的各项内容是否无误，是否与借款合同相符。借款申请书审查无误后，填制放款放出通知单，由信贷员，科（股）长“两签”或行长（主任）“三签”送银行会计部门办理贷款拨入借款方账户的手续。借款申请书及放款放出通知单经会计部门入账后，最后一联返回信贷部门作为登记贷款台账凭证。一般情况下，自银行受理之日起，法定的答复期限（短期贷款 20 个工作日，中、长期贷款 130 个工作日）为银行信贷部门审议贷款时间。

第四节 贷款业务管理

一、商业银行贷款定价

商业银行贷款定价是指商业银行如何确定贷款的利率、确定补偿余额以及对某些贷款收取手续费。

（一）商业银行贷款定价的原则

1. 利润最大化

商业银行是以货币资金作为产品的特殊金融企业。作为企业，实现利润最大化始终是其追求的主要目标。贷款业务是商业银行主要的资产业务，存贷利差是商业银行利润的主要来源。因此，银行在进行贷款定价时，首先考虑的就是如何在保证贷款资金安全性的前提下，尽可能实现利润的最大化。

2. 扩大市场份额

在金融业竞争日益激烈的情况下，商业银行要求生存、求发展，必须在不断扩展其他业务的同时，保持信贷业务的发展并不断扩大其市场份额。同时，商业银行追求利润最大化的目标，也必须建立在市场份额不断扩大的基础上。因此，如何确定合理价格、扩大市场份额也成为商业银行贷款定价必须遵循的原则。影响一家银行市场份额的因素非常复杂，但贷款价格始终是影响市场份额的一个重要因素。如果一家银行贷款价格过高，就会使一部分客户难以承受，而最终失去这部分客户，缩小银行的市场份额。因此，银行在进行贷款定价时，必须充分考虑同业、同类贷款的价格水平，不能盲目实行高价或低价政策，以保证在追求利润最大化的同时扩大市场份额。

3. 保证贷款安全

银行贷款业务是一项风险性业务，保证贷款安全是银行贷款经营管理过程的核心内容。除了在贷款审查发放等环节要严格把关外，合理的贷款定价也是保证贷款安全的重要方面。贷款定价最基本的要求是使贷款收益足以弥补贷款的各项成本。贷款成本除了资金成本和各项管理费用外，还包括因贷款风险而带来的各项风险费用，如为弥补风险损失而计提的呆账准备金、为管理不良贷款和追偿风险贷款而花费的各项费用等。可见，贷款的风险越大，贷款成本就越高，贷款价格也应越高。因此，银行在进行公司贷款定价时，必须遵循风险与收益对称原则，以确保贷款的安全性。

4. 维护银行形象

作为经营信用业务的企业，良好的社会形象是商业银行生存与发展的重要基础。商业银行要树立良好的社会形象，就必须守法、诚信、稳健经营，要通过自己的业务活动维护社会的整体利益，不能唯利是图。在贷款定价中，要求银行严格遵循国家有关法律、法规和货币政策、利率政策的要求，不能利用贷款价格搞恶性竞争，破坏金融秩序的稳定，损害社会整体利益。

（二）影响商业银行贷款定价的因素

1. 资金成本

资金成本是指某一时期筹集每一单位的贷款资金要支付的存款利率、筹资费用等，即吸存成本。

2. 风险成本

由于贷款的期限、种类、保障程度、担保方式及贷款对象、用途等各种因素的不同，贷款风险程度也不同，对不同的贷款风险，银行为其花费的管理费用或对可能产生的损失的补偿费用也不同。由此，贷款定价引入了“风险调整后资本收益率”（RAROC）概念，RAROC是以经济资本为出发点的风险调整收益的一般化模型，是风险调整后的资本回报率，其核心是把未来风险转化为当期成本考虑在贷款定价中。

3. 经营成本

这是指信贷业务线产生的费用及相关支持体系产生费用分摊部分，如对市场、行业和客户的信用调查、分析、评估，进行贷中和贷后管理等产生的费用，及相关部门费用在信贷业务上的分摊。

4. 贷款供求状况

当贷款供大于求时，价格应适当降低；反之应适度提高。因各银行客户群接口和风险偏好不同，考虑这个因素时，要防止高风险行业和高风险客户（亦是高利率承担者）的集中。

5. 预期利润水平（目标收益）

预期利润水平（目标收益）即银行管理和经营目标所确定的一定资本

收益率和为银行发展所必需的利润积累。小银行贷款业务对利润的贡献超80%，贷款定价对利润的影响更为重要。

（三）贷款定价方法

1. 成本加成定价法

成本加成定价法是指在借入资金的成本和其他经营成本、风险成本的基础上加一个加成（银行的预期利润）来确定贷款利率的方法。

一个完整的贷款利率中必须包括四部分的内容：

（1）银行筹集足够的可贷资金的成本；

（2）银行的经营成本（员工工资和物质设施的成本）；

（3）银行对违约风险所进行的必要补偿；

（4）每笔贷款的适当利润以保证银行的所有者获得必要的收益。

根据以上分析，在该定价模式下：

贷款利率＝资金成本率＋贷款费率＋风险补偿率＋银行预期利润

2. 价格领导模型定价法

价格领导模型定价法是以若干个大银行统一的优惠利率为基础，考虑违约风险补偿和期限风险补偿后确定贷款的利率。

对某个特定的顾客来说，贷款利率的公式为

贷款利率＝优惠利率（包括各种成本率和银行预期的利润）＋加成部分

＝优惠利率＋违约风险贴水＋期限风险贴水

3. 目标收益定价法

目标收益定价法是贷款收益和信贷相关业务收益减去各项成本与风险占用以后的差额能够达到（或超过）目标利润的水平。

贷款预期收益率＝（贷款收入－贷款费用）/ 应摊产权资本 × 100%

其中，

贷款费用＝筹资成本＋贷款服务和收贷费用

贷款收入＝贷款利息＋存款收益＋其他收入（手续费等）

应摊产权资本＝银行全部产权资本对贷款的比率 × 未清偿贷款余额

该定价法的特点是充分考虑借款人对银行其他产品和中间业务的适用性，借贷双方对贷款定价的沟通有较大弹性，双方通过寻求互利双赢方案解决贷款定价问题。

此外，还有客户盈利分析法、基础利率加点法等，总之，贷款定价的方法是多种多样的，同一家银行对不同的行业、不同的客户可能采取不同的贷款定价方法，而对同一客户，不同的银行可能采用不同的贷款定价方法，目标都是达到收益最大化和风险最低。

二、不良贷款管理

加强投资贷款回收管理的实质是保证贷款按期回收，避免不良贷款的发生。从银行角度看，不良贷款不仅影响信贷资金周转，使新贷款不能及时发放，影响综合信贷计划的平衡，而且加重贷款风险，甚至导致坏账损失。从宏观角度看，不良贷款会直接或间接地促使投资规模膨胀。因此，加强不良贷款管理，防止不良贷款发生，对加强银行经营管理、加速信贷资金周转、提高投资效果有着重要的现实意义。

（一）不良贷款的定义

不良贷款又称非正常贷款或有问题贷款，是指借款人未能按原定的贷款协议按时偿还商业银行的贷款本息，或者已有迹象表明借款人不可能按原定的贷款协议按时偿还商业银行的贷款本息的贷款。

（二）不良贷款的分类

不良贷款是逾期贷款、呆滞贷款和呆账贷款的总称。

逾期贷款指借款合同约定到期（含展期后到期）未能归还的贷款。

呆滞贷款是逾期（含展期后到期）超过规定年限以上仍未归还的贷款，或虽未逾期或逾期不满规定年限但借款人生产经营已终止、项目已停建的贷款。

呆账贷款是指借款人和担保人依法宣告破产，进行清偿后，未能还清的贷款；借款人死亡或者依照《中华人民共和国民法典》的规定，宣告失踪或宣告死亡，以其财产或遗产清偿后，未能还清的贷款；借款人遭到重大自然灾害或意外事故，损失巨大且不能获得保险补偿，确实无力偿还的部分或全部贷款，或者以保险清偿后，未能还清的贷款；贷款人依法处置贷款抵押物、质物所得价款不足以补偿抵押、质押贷款的部分；经国务院专案批准核销的贷款。

（三）不良贷款的一般处置方法

由于各个国家不良资产产生的原因和资产状况不同，经济环境也存在差异，因此不同国家对不良资产采取的处置模式（包括损失承担的方式）和侧重点也有所不同。在具体的操作过程中，处置不良资产的主要措施与方法大致包括以下几种：

（1）推行分类和考核。1998 年 4 月中旬，中国人民银行有关负责人宣布，将在全国开展金融资产清理，并在此基础上按国际通行办法对信贷资产逐渐推行五级分类和考核办法。很久以来，我国银行的贷款质量笼统地划分为正常贷款和不良贷款，这种划分，不能及时、准确反映企业生产经营变化对贷款风险的影响，信贷资产质量分类办法，按实际风险程度，将贷款分为正常、关注、次级、可疑、损失五种，除能及时、准确地反映金融企业的真实资产外，最大的好处还在于商业银行可主动防范贷款风险。

（2）强化呆账准备金制度，注销坏账，优化资产。如美国对不同不良资产（五级贷款分类中的后三类）分别增加 20%、50%、100% 贷款损失准备金，并明确而严格地规定损失准备金要冲销损失账户，促使银行尽快解决不良资产。新加坡、韩国、印度和印度尼西亚的呆账准备金都较高，有的甚至可以随时追加。

我国正式实行贷款质量五级分类管理后，也根据银行资产的等级分类要求按不同的比例提取呆账准备金：正常资产 0.5%，关注资产 5%，次级资产 20%，可疑资产 50%，损失资产 100%。

（3）分离不良资产，交由专门机构处理。在充分清理不良资产后，把银行的不良资产剥离出来，交给专门的机构来运作。美国、瑞典和日本都曾这样操作过。美国在 1989 年设立 RTC（重组信托公司）解决存贷机构危机，RTC 对接收的 3 990 亿美元的资产进行了出售或回收，实际收回 3 580 亿美元。

我国也于 1998 年组建了金融资产管理公司。绕开“分业经营、分业管理”的限制，先后成立了信达、东方、长城、华融四家资产管理公司，专门接收并处理四大国有商业银行 1996 年以前形成的不良贷款。

（4）充分利用金融市场尤其是证券市场将银行资产打折出售或部分证券化，收缩不良资产规模。在不良资产发生后，将其直接打折出售给高素质银行悉心经营，虽然会承受一定的利益损失，但大部分资产却可以得到保全，贷款风险得到化解或转移。

拓展阅读资料

银行财报里的绿色金融：

——12 家上市银行绿色贷款破千亿 6 大行碳减排贷款占七成以上

2021 年是“十四五”规划的开局之年，也是碳中和元年。金融是推动绿色发展的重要支柱，大力发展绿色金融，是实现碳中和的重要保障。截至 2022 年 4 月 1 日，已有 23 家 A 股上市银行公布了 2021 年年报，共 16 家银行公布了绿色贷款、绿色债券、碳减排支持贷款等绿色金融相关数据情况。其中，12 家银行绿色贷款余额突破千亿，增幅达到了 30% 以上；两家银行绿色债券规模突破千亿。此外，6 家国有控股银行碳减排贷款总和为 1 664.39 亿元，占碳减排贷款总额的 76.38%，占总额七成以上。

中国已成为全球最大的绿色金融市场之一，2021 年，绿色金融业务呈现出快速发展、多点开花的发展态势，绿色信贷、绿色债券等蓬勃发展。

一、四大国有控股银行绿色信贷破万亿

实现“双碳”目标需要大量投资，有机构预测未来 30 年投资可能高达 500 万亿元，其中大部分需要银行信贷支持，对银行绿色信贷需求巨大。银保监会公布，截至 2021 年年末，国内 21 家主要银行绿色信贷余额达 15.1 万亿元，占其各项贷款的 10.6%。其中，工商银行、农业银行、中国银行、建设银行绿色信贷余额突破万亿。

此外，2021 年有 3 家银行绿色贷款增速抢眼：平安银行绿色贷款增速达 204.6%，中信银行绿色贷款增速达 140.75%，民生银行绿色贷款增速达 103.76%。

二、六大国有控股银行碳减排贷款占七成以上

2021 年由央行推出的碳减排支持工具对新能源、工业生产制造等领域的绿色项目提供了前所未有的融资便利。碳减排支持工具被视为绿色金融领域强有力的政策工具，备受业内关注。2022 年碳减排支持工具还有扩容的空间，首先是大型的城、农商行也可以纳入工具的对象；其次是当前碳减排支持工具重点支持清洁能源、节能环保和碳减排技术三个碳减排领域，初期重点支持正处于发展起步阶段，但促进碳减排的空间较大，给予一定的金融支持可以带来显著碳减排效应的行业。除了上述领域外，绿色建筑等领域同样具备碳减排效益，若能纳入，同样对碳减排贷款的投放具有促进作用。

资料来源：银行财报里的绿色金融——12 家上市银行绿色贷款破千亿 6 大行碳减排贷款占七成以上［N］. 21 世纪经济报道，2022-04-07（7）.

本章测试

思考题：

1. 简述商业银行贷款的含义。
2. 商业银行个人贷款业务种类有哪些？
3. 商业银行办理企业贷款对企业的基本条件有哪些规定？
4. 简述商业银行贷款定价的原则。

实操题目：

1. 分小组按照个人贷款业务流程，模拟办理一次商业银行个人贷款业务。
2. 完成本章情境引入中的问题。

第四章
商业银行结算业务

本章学习目标

理解商业银行结算业务的含义。

掌握商业银行结算业务种类。

能够按照流程办理各类商业银行结算业务。

能够识别各类结算业务的风险。

能够识别和使用商业银行结算业务工具。

了解商业银行结算业务管理的原则和纪律。

本章知识思维导图

- 商业银行结算业务
  - 认识商业银行结算业务
    - 商业银行结算业务的含义
    - 结算业务的种类
      - 支票
      - 商业汇票
      - 银行汇票
      - 银行本票
      - 汇兑
      - 托收承付
      - 委托收款
      - 信用证
    - 结算业务的原则与纪律
      - 三项基本原则
      - 银行结算纪律
  - 国内结算业务办理
    - 汇兑业务
      - 信汇
      - 票汇
      - 电汇
    - 票据结算方式
      - 支票
      - 本票
      - 汇票
    - 委托收款业务
      - 委托收款业务基本流程
      - 委托收款种类基本规定
  - 国际结算业务办理
    - 汇兑结算业务
      - 电汇
      - 票汇
      - 信汇
    - 托收结算业务
      - 光票托收
      - 跟单托收
    - 信用证结算业务
      - 信用证当事人
      - 信用证业务的一般流程
      - 信用证的特点

本章关键术语

结算　风险　贴现　结算原则　结算纪律　汇兑　托收　信用证　抵押

本章情境引入

在苏州的一家银行个人业务柜台前，一位顾客需要办理业务，客户说："我们企业购买了青岛一家企业的原材料，现在对方要求我们尽快支付货款 20 万元，我需要尽快汇给对方企业，请尽快帮我办理。"

假设你是柜员，请认真学习本章内容，学习后按照国内结算业务的办理流程，为客户办理汇兑业务。

情境引入微视频

第一节

认识商业银行结算业务

一、商业银行结算业务的含义

商业银行结算业务即转账结算业务，简称结算，也叫支付结算，是指商业银行通过其账户帮助客户实现资金转移以结清债权债务关系的行为，即银行接受客户委托代收代付，从付款单位存款账户划出款项，转入收款单位存款账户，以此完成经济之间债权债务的清算或资金的调拨。

支付结算是单位、个人在社会经济活动中使用票据、信用卡和汇兑、托收承付、委托收款等结算方式进行货币给付及资金清算的行为。在支付结算活动中，银行作为支付结算和资金清算的中介机构，根据社会经济往来活动，合理地组织结算和准确、及时、安全地办理结算，加强结算管理，保障结算活动正常进行。

二、商业银行结算业务的种类

结算方式是指由于经济主体之间经济往来（包括商品交易、劳务供应、债权债务清算等）而产生的款项收付的程序和方法，包括：商品、货币资金所有权转移条件，款项支付地点、时间、条件，使用的结算凭证和传递程序等。结算方式是办理结算业务的具体组织形式，是结算制度的重要组成部分。商业银行结算业务分为票据结算业务和非票据结算业务，其中票据结算业务包含支票、银行汇票、商业汇票、银行本票，非票据结算业务包括汇兑、托收承付、委托收款、信用证。

（一）支票

1. 含义

支票是出票人签发的，委托办理支票存款业务的银行在见票时无条件支付确定的金额给收款人或持票人的票据。支票的提示付款期限为 10 天，超过提示付款期限提示付款的，银行不予受理，付款人不予付款。

2. 支票结算的特点

（1）简便。这是指使用支票办理结算手续简便，只要付款人在银行有足够的存款，它就可以签发支票给收款人，银行凭支票就可以办理款项的划拨或现金的支付。

（2）灵活。这是指按照规定，支票可以由付款人向收款人签发以直接办理结算，也可以由付款人出票委托银行主动付款给收款人，另外转账支票在指定的城市中还可以背书转让。

（3）迅速。这是指使用支票办理结算，收款人将转账支票和进账单送交银行，一般当天或次日即可入账，而使用现金支票当时即可取得现金。

（4）可靠。这是指银行严禁签发空头支票，各单位必须在银行有足够的存款才能签发支票，因而收款人凭支票就能取得款项。

（二）商业汇票

1. 含义

商业汇票是出票人签发，委托付款人在指定日期无条件支付确定的金额给收款人或者持票人的票据。商业汇票分为商业承兑汇票和银行承兑汇票。商业承兑汇票由银行以外的付款人承兑（付款人为承兑人），银行承兑汇票由银行承兑。商业汇票的付款期限，最长不得超过 6 个月（电子商业汇票可延长至 1 年）。商业汇票的收款人和付款人必须具有真实的交易关系或债权债务关系。

2. 商业汇票的特点

（1）适用范围相对较窄：只适用于企业之间由于先发货后收款或双方约定延期付款的商品交易。

（2）使用对象相对较少。使用对象须满足以下条件：一是在银行开立账户，二是具有法人资格。

（3）未到期的商业汇票可以到银行办理贴现。

（4）同城、异地都可以使用，而且没有结算起点的限制。

（三）银行汇票

1. 含义

银行汇票是指由出票银行签发的，由其在见票时按照实际结算金额无条件支付给收款人或者持票人的票据。银行汇票多用于办理异地转账结算和支取现金。银行汇票使用灵活、票随人到、兑现性强，适用于先收款后发货或钱货两清的商品交易。

2. 银行汇票的特点

（1）适用范围广。银行汇票不仅适用于在银行开户的单位、个体工商户和个人，也适用于未在银行开立账户的个体工商户和个人。凡是需要在异地进行商品交易、劳务供应和其他经济活动及债权债务的结算的单位、个体工商户和个人，都可以使用银行汇票。银行汇票既可以用于转账结算，也可以支取现金。

（2）信用度高，安全可靠。银行汇票是银行在收到汇款人款项后才签发的支付凭证，并且银行保证支付，收款人持有票据就可以安全及时地到银行支取款项，因而信用度高，安全可靠。而且，银行内部有一套严密的处理程序和防范措施，只要汇款人和银行认真按照汇票结算的规定办理，汇款就能保证安全。一旦汇票丢失，如果确属现金汇票，汇款人还可以向银行办理挂失，填明收款单位和个人，银行可以协助防止款项被他人冒领。

（3）使用灵活，资金使用效率高。实行银行汇票结算，持票人可以将汇票背书转让给其他人，也可以通过银行办理分次支取或转让，另外还可以使用信汇（mail transfer，M/T）、电汇（telegraphic transfer，T/T）或重新办理汇票转汇款项，因而有利于持有者在市场上根据自身资金使用需求灵活使用，减少资金占用，提高资金使用效率。

（四）银行本票

1. 含义

银行本票是申请人将款项交存银行，由银行签发的承诺自己在见票时无条件支付确定的金额给收款人或者持票人的票据。

银行本票按照其金额是否固定可分为不定额和定额两种。不定额银行本票是指凭证上金额栏是空白的，签发时根据实际需要填写金额（起点金额为 100 元），并用压数机压印金额的银行本票；定额银行本票是指凭证上预先印有固定面额的银行本票。定额银行本票面额为 1 000 元，5 000 元，10 000 元和 50 000 元，其提示付款期限自出票日起最长不得超过 2 个月。

2. 银行本票结算的特点

（1）使用方便。银行本票使用方便灵活。单位、个体工商户和个人不管其是否在银行开户，他们之间在同城范围内的所有商品交易、劳务供应以及其他款项的结算都可以使用银行本票。收款单位和个人持银行本票可以办理转账结算，也可以支取现金，同样也可以背书转让。银行本票见票即付，结算迅速。

（2）信誉度高，支付能力强。银行本票由银行签发，并于指定到期日由签发银行无条件支付，因而信誉度很高。其中定额银行本票由中国人民银行发行，各大国有控股商业银行代理签发，不存在票款得不到兑付的问题。不定额银行本票由各大国有控股商业银行签发，由于其资金力量雄厚，因而一般也不存在票款得不到兑付的问题。

（五）汇兑

1. 含义

汇兑是汇款人将款项存入银行，并委托银行将其款项通过一定方式支付给收款人的一种结算方式。汇兑根据银行划转款项的方法以及汇款信息传递方式的不同可以分为电汇和信汇两种，在使用时由汇款人自行选择。

（1）电汇。电汇是汇款人将一定款项交存汇款银行，汇款银行通过电报或电传的形式将汇款信息传递给收款人所在的分行或代理行（汇入行），指示汇入行向收款人支付款项的一种汇款方式。

（2）信汇。信汇是汇款人向银行提出申请，同时交存一定金额及手续费，填写信汇委托书并委托汇出行将其以邮寄方式寄给汇入行，授权汇入行向收款人支付一定金额的一种汇兑结算方式。

2. 汇兑结算方式的特点

（1）异地结算方便。汇兑属于汇款人向异地主动付款的一种结算方式，它对于异地的往来款项的结算十分方便。

（2）没有结算起点限制。

（3）汇兑结算方式有利于卖方资金安全。汇兑方式一般用于先汇款后发货的交易结算。在销货单位对购货单位的资信情况缺乏了解或者商品较为紧俏的情况下，可以让购货单位先汇款，等收到货款后再发货，以免收不回货款。当然购货单位采用先汇款后发货的交易方式时，应详尽了解销货单位的资信情况和供货能力，以免盲目地将款项汇出却收不到货物。如果对销货单位的资信情况和供货能力缺乏了解，可将款项汇到采购地，在采购地开立临时存款户，派人监督支付。

（4）汇兑结算手续简便易行，单位或个人很容易办理。

（5）汇兑结算方式除了适用于单位之间的款项划拨外，也可用于单位对异地的个人支付有关款项，如退休工资、医药费、各种劳务费、稿酬等，还可适用个人对异地单位所支付的有关款项，如邮购商品、书刊等。

（六）托收承付

1. 定义

托收承付是根据购销合同由收款人发货后委托银行向异地付款人收取款项，由付款人向银行承认付款的结算方式。办理托收承付结算的款项必须是商品交易的款项，以及因商品交易而产生的劳务供应的款项。收付双方使用托收承付结算必须签有符合相关法律法规的购销合同，并在合同上注明使用托收承付结算方式。收款人办理托收时，应签发托收承付凭证，注明托收金额、收款人与付款人名称及账号、收款人与付款人开户银行名称、托收附寄单证张数或册数、购销合同名称及号码、委托日期等事项。

2. 托收承付方式的特点

（1）安全性高。托收承付结算这种多方的交易方式，采用三方分隔的结算模式，不仅大大减少了资金流动的风险，而且更重要的是受到三方保护。特别是收款行将严格审核收款人在收款时的资料，并与付款行双向确认实际汇款金额，以确保付款方的资金安全。

（2）收款速度快。收款人可以立即得到资金，转账次数少，可以减少收款人的资金占用。

（3）费用较低。付款方减少了手续费。由于不需要多次汇款，因此资金流动更快，交易手续费由此大大减少，对收付款双方都是一种经济上的实惠。

（七）委托收款

1. 含义

委托收款是收款人委托银行向付款人收取款项的结算方式。单位和个人凭已承兑商业汇票、债券、存单等付款人债务证明办理款项的结算，均可以使用委托收款结算方式。委托收款在同城、异地均可办理。收款人首先应签发委托收款凭证，载明委托收款金额、付款人和收款人名称、委托收款凭据名称及附寄单证张数等事项，并将凭证及有关收款依据提交开户行。开户行审查后，将凭证及有关收款依据寄交付款人开户行，后者审查无误后办理付款。

2. 委托收款的特点

（1）委托收款属于商业信用。银行办理委托收款业务时，既没有检查货运单据正确与否或是否完整的义务，也不承担付款人必须付款的责任。风险由双方自行承担。

（2）委托收款对于收款方风险较大。

（3）委托收款对于付款方较为有利。付款方拿到单据后才支付款项，在风险和资金占用方面都较付款方有利。

（八）信用证

1. 含义

信用证是指银行根据买方的请求，开给卖方的一种保证承担支付货款责任的书面凭证。银行授权卖方在符合信用证所规定的条件下，以该行或其指定的银行为付款人，开具不得超过规定金额的汇票，并按规定随附装运单据，按期在指定地点收取货物。

2. 信用证方式的特点

信用证方式有三个特点：

（1）信用证是一项自足文件。信用证不依附于买卖合同，银行在审单时强调的是信用证与基础贸易相分离的书面形式上的认证。

（2）信用证方式是纯单据业务。信用证是凭单付款，不以货物为准。只要单据相符，开证行（opening bank，issuing bank）就应无条件付款。

（3）信用证是一项银行信用支付方式。它是银行的一种担保文件，开证银行对支付有首要付款的责任。

商业银行结算方式比较

三、商业银行结算业务的原则与纪律

（一）三项基本原则

商业银行在办理结算业务时应遵循贯彻三项基本原则：

（1）恪守信用，履约付款。交易双方必须树立信用观念、承担到期付款责任，根据各自资信情况协商约期付款或及时结算资金，促成资金运动与物资运动相结合。

（2）谁的钱进谁的账、由谁支配。单位和个人有权自主支配和运用其银行存款，任何单位和个人不得侵犯，银行依法维护单位和个人对存款的合法自主支配权。

（3）银行不予垫付。银行在结算过程中只负责划转结算款项，不承担垫付款项的责任，以防透支或套取现金，严肃结算纪律，促使企业事业单位积极履行支付义务。

（二）银行结算纪律

银行结算纪律是指通过银行办理转账结算的各单位或个人，在办理具体结算业务过程中，应当遵守的行为规范。

按照《支付结算办法》的规定，银行结算纪律主要包括以下几个方面：

（1）对于款项收付单位，在办理转账过程中，不准出租、出借银行账号，不准签发空头支票和远期支票，不准套取银行信用。

（2）对于银行，在办理结算过程中，必须严格执行《支付结算办法》的规定，及时处理结算凭证，需要向外寄发的结算凭证，必须于当天及时发出，最迟不得超过次日；汇入银行收到结算凭证，必须及时将款项支付给确定的收款人；不准延误、积压结算凭证；不准挪用、截留客户和他行的结算资金；未收妥款项，不准签发银行汇票、本票；不准向外签发未办汇款的汇款回单；不准拒绝受理客户和他行的正常业务。

第二节

国内结算业务办理

结算业务是银行为客户办理因债权债务关系引起的货币支付、资金划拨的一种传统业务。结算业务有多种分类标准，根据是否跨国收付分为国内结算和国际结算。

国内结算业务是指银行通过为国内经济往来客户提供结算业务，从而成为全社会的资金转账中心、结算中心和货币出纳中心。结算业务不仅能为银行带来安全、稳定的收益，同时也是扩大银行资金来源的重要手段。我国银行办理的国内转账结算业务有多种结算方式，客户主要使用票据、银行卡、汇兑、托收承付、委托收款等方式进行货币支付及资金清算。

一、汇兑业务

单位和个人的各种款项的结算，均可使用汇兑结算方式。汇款人应签发汇兑凭证，凭证上需记载汇款金额、收款人名称、汇款人名称、汇入地点、汇入行名称、汇出地点、汇出行名称等事项，并表明委托银行从自己账户中支付一笔款项汇给收款人。汇出银行受理汇款人签发的汇兑凭证，经审查无误后，应及时将信汇凭证连同联行报单邮寄给汇入银行，或依据电汇凭证向汇入行拍发电报，并向汇款人签发汇款回单。对于开立存款账户的收款人，汇入银行应将汇给收款人的款项直接转入其账户，并向其发出收账通知。未在银行开立存款账户的收款人，凭信汇、电汇的取款通知向汇入银行支取款项。

（一）信汇

信汇业务流程如图 4.1 所示。

图 4.1 信汇业务流程

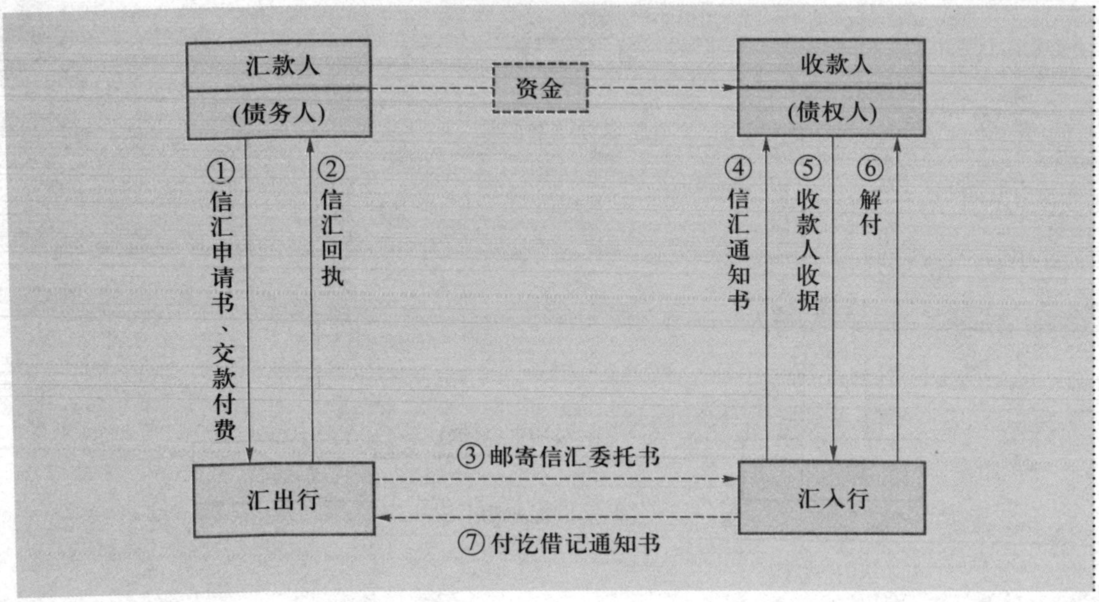

(二)电汇

电汇业务流程如图 4.2 所示。

图 4.2 电汇业务流程

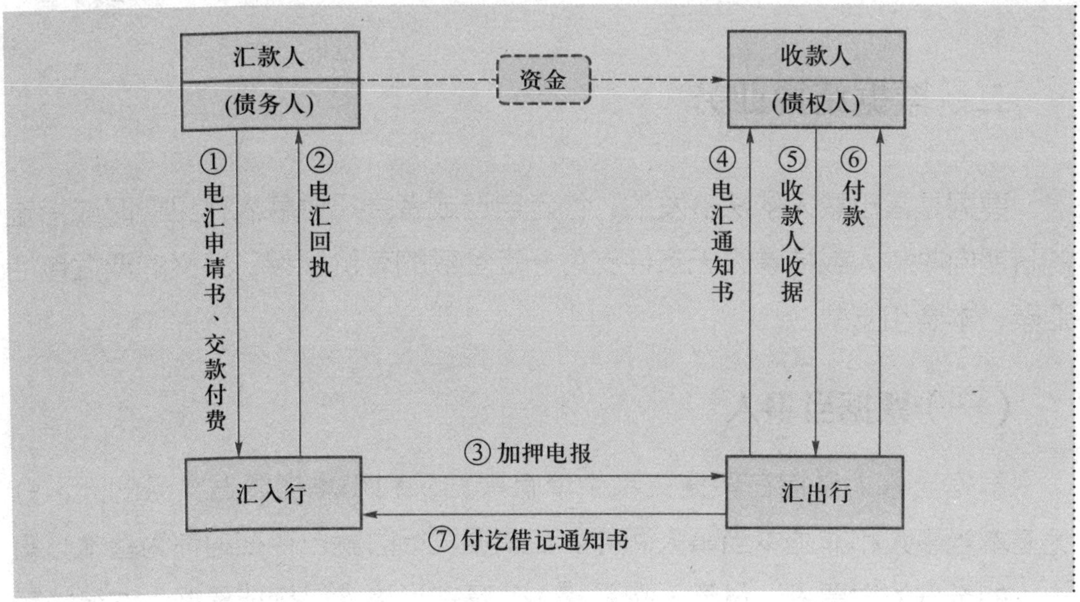

(三)票汇

票汇(remittance by banker's demand draft，D/D)是指汇款人向汇出行购买银行汇票寄给收款人，由收款人据以向汇票上指定的银行收取款项的结算方式。票汇是以银行即期汇票作为结算工具的。票汇业务流程如图 4.3 所示。

图 4.3 票汇业务流程

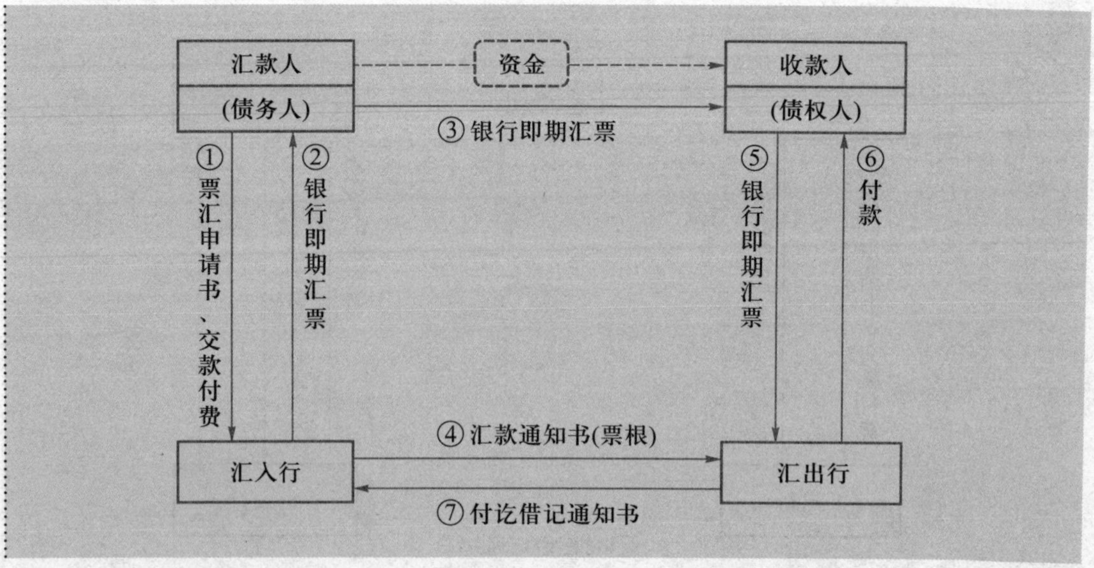

在这三种汇兑结算方式中，信汇费用较低，但速度相对较慢，而电汇具有速度快的优点，但汇款人要负担较高的电报电传费用，因而通常只在紧急情况下或者金额较大时使用，票汇介于二者之间。另外，为了确保电报的真实性，汇出行在电报上加注双方约定的密码；而信汇则无须加密码，签字即可。

二、票据结算业务

票据是指出票人依法签发的，约定自己或者委托付款人在见票时或指定的日期向收款人或持票人无条件支付一定金额的有价证券。狭义的票据包括汇票、本票和支票。

（一）票据当事人

票据当事人是指在票据关系中享有票据权利和承担票据义务的人，分为基本当事人和非基本当事人两种。在票据发行时就已存在的称为基本当事人。如票据的发票人、付款人和受款人。基本当事人是构成票据上法律关系的必要主体，缺乏则票据关系不能成立。在票据发出后通过各种票据行为而加入票据关系之中成为票据当事人的人为非基本当事人。如背书人、被背书人、保证人、参加付款人等。

票据当事人分别处于债权人与债务人地位。发票时的受款人为最初的债权人。以后由最初的受款人转让而取得票据的持票人（如被背书人）则成为票据权利人。因实施一定的票据行为而在票据上签名的人为票据债务人。其又有主债务人与从债务人之分。前者首先负付款责任，如汇票承兑人、本票发票人等。后者次于主债务人负担保付款之责，如汇票发票人、背书人等。

出票人是指依法定方式签发票据并将票据交付给收款人的人。

收款人是指票据正面记载的到期后有权收取票据所载金额的人。

付款人是指由出票人委托付款或自行承担付款责任的人。

承兑人是指接受汇票出票人的付款委托，同意承担支付票款义务的人。

背书人是指在转让票据时，在票据背面或粘单上签字或盖章，并将该票据交付给受让人的票据收款人或持有人。

被背书人是指被记名接受票据转让的人。

保证人是指为票据债务提供担保的人，由票据债务人以外的第三人担当。

（二）支票

支票是以银行为付款人的即期汇票，可以看作汇票的特例。支票出票人签发的支票金额，不得超出其在付款人处的存款金额。如果存款金额低于支票金额，银行将拒付。这种支票称为空头支票，出票人要负法律上的责任。

开立支票存款账户和领用支票，必须有可靠的资信，并存入一定的资金。支票可分为现金支票和转账支票。支票一经背书即可流通转让，具有通货作用，成为替代货币发挥流通手段和支付手段职能的信用流通工具。运用支票进行货币结算，可以减少现金的流通量，减少货币流通费用。

支票记载事项包括绝对记载事项、相对记载事项、非法定记载事项。《中华人民共和国票据法》和《支付结算办法》规定，两项绝对记载事项可以通过出票人以授权补记的方式记载：支票的金额、收款人名称，注意未补记前不得使用。

（1）绝对记载事项包括：① 表明“支票”的字样；② 无条件支付委托；③ 确定的金额；④ 付款人名称；⑤ 出票日期；⑥ 出票人签章。

（2）相对记载事项包括：① 付款地（如果支票上未记载付款地，则付款地为付款人的营业场所）；② 出票地（支票上未记载出票地的，则出票人的营业场所、住所、经常居住地为出票地）。相对记载事项如未记载可以通过法律规定进行推定而不会导致票据无效。

（3）非法定记载事项包括：① 支票的用途；② 合同编号；③ 约定的违约金；④ 管辖法院等。非法定记载事项并不发生法律上的效力。

（三）汇票

银行汇票一式四联，第一联为卡片，由兑付行在支付票款时作付出传票；第二联为银行汇票，与第三联解讫通知一并由汇款人自带，在兑付行兑付汇票后此联作为银行往来账付出传票；第三联为解讫通知，在兑付行兑付后随报单寄签发行，由签发行作为余款收入传票；第四联是多余款通知，在签发行结清款项后交汇款人。

银行汇票的记载事项有：① 表明“汇票”的字样；② 无条件支付的承诺；③ 确定的金额；④ 付款人名称；⑤ 收款人名称；⑥ 出票日期；⑦ 出票行签章（汇票专用章、经办人员名章）。

汇票上未记载前款规定事项之一的，汇票无效。

（四）本票

本票只涉及出票人和收款人两方，出票人签发本票并自负付款义务。按票面是否载明收款人姓名，本票可分为记名本票和不记名本票。按票面有无到期日期，本票可分为定期本票和即期本票。本票不需经承兑，出票人出票后即负付款责任。

根据《中华人民共和国票据法》的规定，本票应具备以下项目：① 表明其为“本票”的字样；② 无条件支付的承诺；③ 出票人签字；④ 出票日期和地点；⑤ 确定的金额；⑥ 收款人或其指定人姓名。

三、委托收款业务

（一）委托收款业务基本流程

委托收款业务基本流程如图 4.4 所示。

图 4.4　委托收款业务基本流程

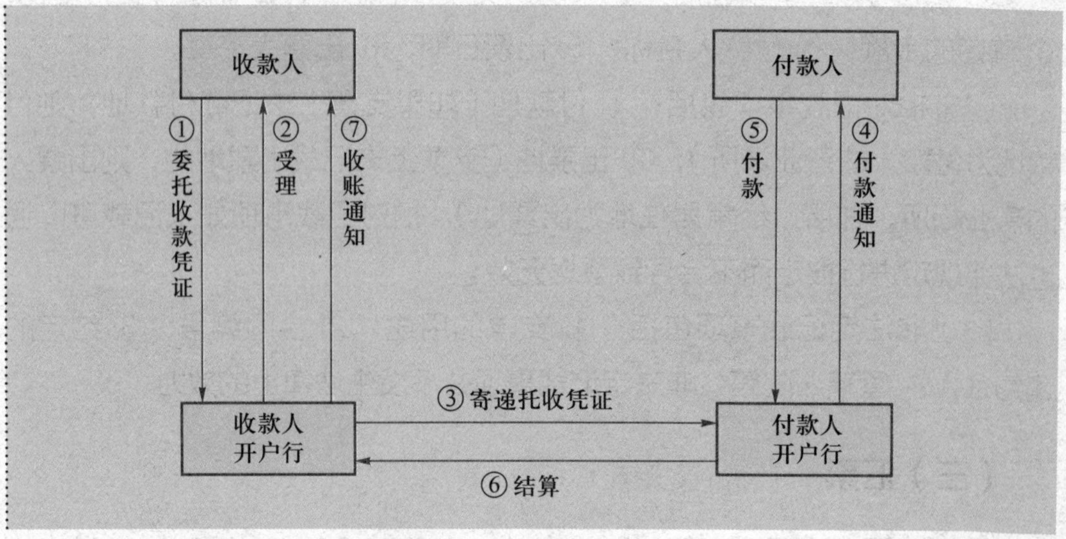

（二）委托收款种类

根据凭证传递方式不同，委托收款可分为委邮（邮寄）和委电（电报划回）两种，由收款人选用。委邮和委电均为一式五联。第一联为回单，由银行盖章后退给收款单位；第二联为收款凭证，收款单位开户银行作为收入传票；第三联为支款凭证，付款人开户银行作为付出传票；委邮第四联为收账通知，是收款单位开户银行在款项收妥后给收款人的收账通知，委电第四联为发电报的依据，付款单位开户银行凭此向收款单位开户银行拍发电报；第五联为付款通知，是付款人开户银行给付款单位按期付款的通知。

（三）委托收款的基本规定

（1）委托收款结算不受金额起点限制。

（2）委托。委托是指收款人向银行提交委托收款凭证和有关债务证明并办理委托收款手续的行为。

（3）付款。这是指银行在接到寄来的委托收款凭证及债务证明，并经审查无误后向收款人办理付款的行为。根据《支付结算办法》的规定，银行可根据付款人的不同而在不同的时间付款，从而改变了原支付结算办法统一3天的付款期。具体而言：① 以银行为付款人的，银行应在当日将款项主动支付给收款人；② 以单位为付款人的，银行应及时通知付款人，按照有关办法规定，需要将有关债务证明交给付款人的应交给付款人，并签收。付款人应于接到通知的当日书面通知银行付款；如果付款人未在接到通知日的次日起3日内通知银行付款，视同付款人同意付款，银行应于付款人接到通知日的次日起第4日上午开始营业时，将款项划给收款人。

（4）付款人拒绝付款。付款人审查有关债务证明后，对收款人委托收取的款项需要拒绝付款的，可以办理拒绝付款。付款人对收款人委托收取的款项需要全部拒绝付款的，应在付款期内填制“委托收款结算全部拒绝付款理由书”，并加盖银行预留印鉴，连同有关单证送交开户银行，银行不负责审查拒付理由，将拒绝付款理由书和有关凭证及单证寄给收款人开户银行，由其转交收款人。需要部分拒绝付款的，应在付款期内出具“委托收款结算部分拒绝付款理由书”，并加盖银行预留印鉴，送交开户银行，银行办理部分划款，并将部分拒绝付款理由书寄给收款人开户银行，由其转交收款人。

（5）无款支付的规定。付款人在付款期满日、银行营业终了前如无足够资金支付全部款项，即为无款支付。银行于次日上午开始营业时，通知付款人将有关单证（单证已做账务处理的，付款人可填制“应付款项证明书”），在两天内退回开户银行，银行将有关结算凭证连同单证或应付款项证明单退回收款人开户银行，由其转交收款人。

（6）付款人逾期不退回单证的，开户银行应按照委托收款的金额自发出通知的第 3 天起，每天处以 0.5‰但不低于 50 元的罚金，并暂停付款人委托银行向外办理结算的业务，直到退回单证为止。

第三节

国际结算业务办理

国与国之间，由于政治、经济、文化及事务性的交往和联系均会产生债权债务关系或资金授受行为，以货币收付来清偿债权债务及实现资金转移的行为就是国际结算。商业银行利用自己的支付网络和结算工具，为国际债权债务关系的清算提供服务，就形成了商业银行国际结算业务。

由于使用票据的不同，国际结算有三种基本形式：汇款、托收、信用证。从资金与票据的流动方向是否一致来看，汇款属于顺汇（to remit），又称汇付法。托收和信用证则属于逆汇（to draw a draft），又称出票法。

一、汇款结算业务

汇付是指进口方通过银行将款项汇给出口方的一种支付方式。这是一种最为简单的国际结算方式。银行接到付款人的请求后，收下款项，然后以某种方式通知收款人所在地的代理行，请它向收款人支付相同金额的款项。最后，两个银行通过事先约定的办法，结清两者之间的债权债务。

（一）汇款业务当事人

汇款人、收款人、汇出行和汇入行是汇款业务中的四个基本当事人。

付款方叫作汇款人，将现金交银行申请汇款的人或被借记的客户。在国际贸易中，汇款人即债务人、进口商或委托人，其责任是填写汇款申请书、提供款项并承担相关费用。

受汇款人委托、将资金汇出的银行叫作汇出行，汇出行办理的汇款业务叫作汇出汇款。发出付款授权书的银行，即受汇款人委托汇出款项的银行，一般是汇款人所在地或进口地银行。其基本职责是按汇款人的要求将款项通过一定途径汇给收款人。

受汇出行委托、解付汇款的银行叫作汇入行或解付行。汇入行往往是收款人所在地或出口方银行，必须是汇出行联行或代理行。其责任是证实汇出行授权委托书的真实性，通过收款人取款并付款，同时有权在头寸落实后再解付款项。解付行办理的汇款业务叫作汇入汇款。

收款方叫作收款人。收取现金或贷记的客户，通常是出口方或债权人。

（二）国际汇款结算业务分类

国际汇款结算业务基本上分为三大类，即电汇、信汇和票汇。

1. 电汇

电汇是由汇款人委托汇出行用电报、电传或是环球银行间金融电信网络（SWIFT）等手段发出付款委托通知书给汇入行，委托其将货款解付给相应的收款人。国际结算电汇业务基本流程与国内结算电汇业务流程基本相同，见图 4.2。

2. 票汇

票汇是以即期汇票作为结算工具的一种方式。通常由汇出行开立以其代理行或开户行为付款人，并列明汇款人所指定的收款人名称的银行即期汇票，交由汇款人自行寄给收款人。由收款人凭票向汇票上的付款人（银行）取款。国际结算票汇业务基本流程与国内结算票汇业务流程基本相同，见图 4.3。

3. 信汇

信汇是由汇款人委托汇出行用寄送航空信件的方式将信汇委托书或支付通知书寄给汇入行，委托其进行付款。国际结算信汇业务基本流程与国内结算信汇业务流程基本相同，见图 4.1。

（三）汇付结算的特点与应用范围

1. 汇付结算的特点

汇付结算方式的主要特点包括：

（1）以银行为中介来结算进出口双方的债权债务。银行在汇付的全过程中承担收付委托款项的责任，收取手续费，但银行不介入双方实际交易，仅仅充当金融中介。

（2）属于商业信用，存在较大风险。

（3）资金负担不平衡。资金占用完全由某一方来承担，在货到付款的情况下是由出口商负担，在预付货款的情况下是由进口商负担。在结算过程中，双方均无法获得贸易融资。

（4）与其他结算方式相比，汇付手续最简单、费用最少。

2. 汇付结算的应用范围

在银行国际结算方式中，汇付方式的应用范围主要有以下三个方面：一是本企业的联号或分支机构以及与个别极为可靠的客户之间的交易。二是合同定金、货款尾数以及佣金等费用或各种费用差额如广告费用差额的支付等。三是在成套设备、大型机械以及飞机、船舶等大型运输工具的交易中，多采用分期或延期付款办法。分期支付或延期支付的货款，通常采用汇付方式，但一般要和其他结算方式如银行保函等结合起来。除贸易外，汇付方式更广泛应用于非贸易结算和银行之间业务往来。它是银行的一项主要业务，用于银行间外汇资金的调拨。

二、托收结算业务

托收是由债权人（出口商）主动向国外的债务人（进口商）开立汇票，并委托本地外汇银行通过其在国外的分行或代理行，向债务人收取款项的一种结算方式。

（一）托收结算业务当事人

托收方式下经常涉及的当事人分别为委托人、托收行、代收行以及付款人，有时也涉及提示行与代理行。

委托人是委托银行办理托收的一方，通常是卖方，即出口商。委托人主要负有两方面的责任：一方面是履行与进口商签订的国际贸易合同的责任；另一方面是履行与托收银行签订的委托代理合同的责任。

在实际业务中，接受委托人的委托，转托国外银行向国外付款人代为收款的银行称为托收行或寄单行，通常为出口地银行。简言之，托收行是指委托人委托其办理托收的银行。

代收行是指除委托行以外参与办理托收业务的任何银行，即接受托收行的委托代为向付款人收款的银行，一般为进口地银行。

付款人是根据托收指示、被提示单据而向代收行付款的进口商。应该说付款人的基本义务就是付款。虽然付款人与代收行之间不存在契约关系，但是付款人必须向代收行付款。付款人付款不是根据他对代收行应承担的责任，而是根据他与委托人之间订立的贸易合同承担的债务，付款人的付款责任是以委托人已经履行了合同义务为前提的。托收指示中应注明付款人采取行动的确切期限。如果付款人在规定期限内不采取行动，单据仍由代收行保管，听候委托方安排。当然，如委托人按合同规定发货且提交符合合同要求的单据，而付款人不按规定付款或承兑便构成违约，付款人须承担违约责任。

提示行，属代收行范围，指向付款人提示单据的银行。代收行可以委托与付款人有往来账户关系的银行作为提示行，也可以自己兼任提示行。如果托收行不指定一家特定的提示行，代收行可使用它们选择的一家提示行。

（二）托收结算方式

托收结算根据在办理托收业务时是否向银行提交货运单据，可分为光票托收和跟单托收两种。

1. 光票托收

托收时如果汇票不附任何货运单据，而只附有“非货运单据”（发票、垫付清单等），叫作光票托收。这种结算方式多用于贸易的从属费用、货款尾数、佣金、样品费的结算和非贸易结算等。

光票指不附带任何货运单据的汇票（其中仅附非货运单据，如发票、垫款清单等的汇票也属于光票范畴），包括国际汇票、银行支票、本票等。

光票具有三个要素：日期、金额、印鉴；三个基本关系人：出票人、付款人、受益人。光票托收业务基本流程如图 4.5 所示。

图 4.5　光票托收业务基本流程

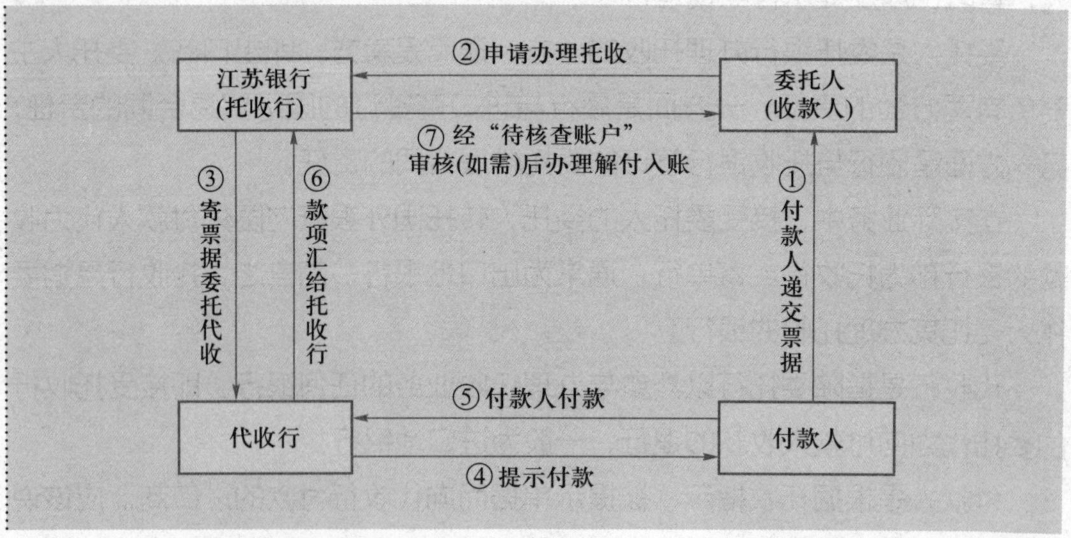

2. 跟单托收

跟单托收是出口商根据合同备货出运后，将跟单汇票或不带汇票的货运单据签送托收银行，委托代收货款的一种托收结算方式。跟单托收虽以买卖合同为基础，但托收银行和代收银行只按委托人递交“无证出口托收申请书”所列内容代收货款，而不问合同内容如何及其履行情况，也无义务根据合同审核单据。进口商根据凭单付款合同，在托收单据寄达代收银行时，有权先检验单据，在单据符合合同的条件下，才履行付款责任或承兑远期汇票。跟单托收业务基本流程如图 4.6 所示。

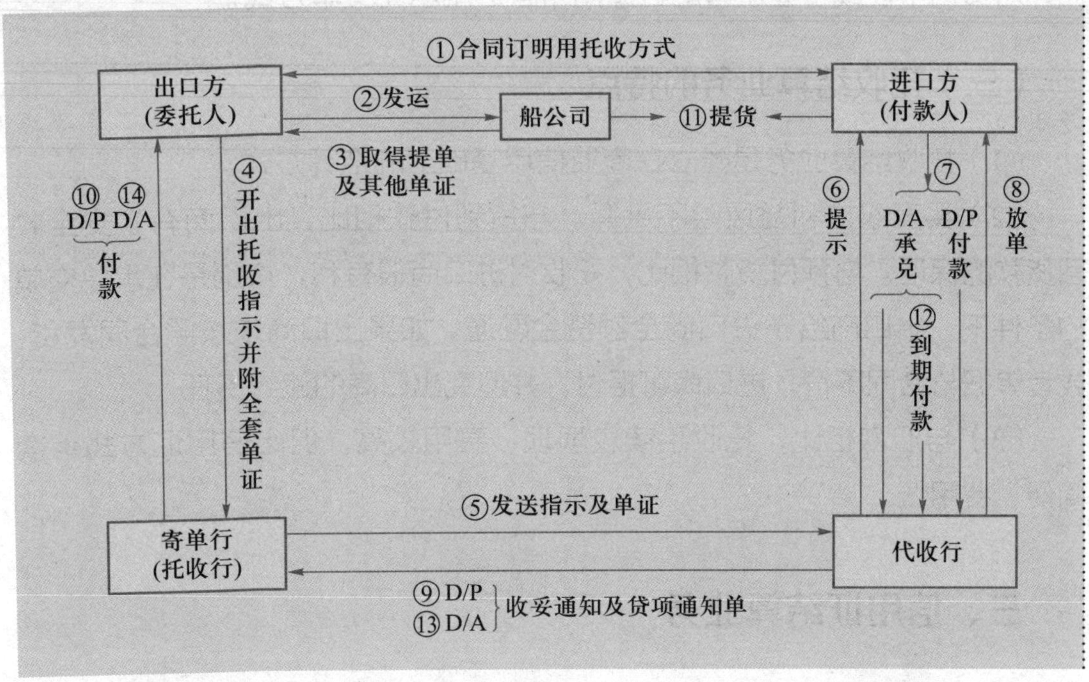

图 4.6　跟单托收业务基本流程

跟单托收是附有提单、商业发票等商业单据的托收，这种托收方式由于通常附有提货凭证，所以在交单前要异常谨慎，才能保证出口商的权益。按交单条件的不同，跟单托收可分为付款交单和承兑交单。

（1）付款交单。付款交单，是指卖方的交单以买方的付款为条件，即买方付款后才能向代收行领取商业单据。付款交单托收方式又有即期和远期之分。

① 即期付款交单（documents against payment at sight，D/P at sight）。即期付款交单，是指卖方开具即期汇票（或不开汇票），通过银行向买方提示汇票和商业单据（或只提示单据），买方如审核无误，则于见票（或见单）时即须付款，在付清货款时领取商业单据，即“付款赎单”。

② 远期付款交单（documents against payment after sight，D/P after sight）。远期付款交单，是指由卖方开具远期汇票（或不开汇票），通过银行向买方提示汇票和商业单据（或只提示商业单据），买方审核无误后即在汇票上承兑（或不承兑汇票），并于汇票到期日付款赎单。汇票到期前，汇票和商业

单据由代收行保管。

（2）承兑交单。承兑交单是指卖方以买方承兑汇票为交单条件的方式，即买方在汇票上履行承兑手续后，即可向代收行取得商业单据，凭以提取货物，于汇票到期日付款。所以，承兑交单方式只适用于远期汇票的托收。由于承兑交单仅限于远期汇票的托收，进口商办妥承兑手续后即可取得商业单据，对资信不佳或不甚了解的进口商不宜选用承兑交单方式。

（三）托收结算业务的特点

（1）托收结算业务是建立在商业信用基础上的结算方式。

（2）买卖双方利益风险不平衡。与货到付款相比，出口商有了安全收回货款的保证。与预付货款相比，托收对进口商很有利，特别是在承兑交单的条件下，出口商给予进口商全额资金融通。如果出口商未按照合同发货，或者单据与合同不符，进口商可拒付，并追究出口商的违约责任。

（3）与汇款相比，托收手续较烦琐、费用较高，但比信用证方式手续简便、费用低。

三、信用证结算业务

信用证结算业务是指出口商根据国外进口商通过国外银行开来的信用证或保证书，按照其条款规定和要求将信用证项下所列的出口单据在规定时间内送交国内银行，由银行办理审单后办理出口结汇或议付，并由国内银行向国外银行收取外汇的一种结算方式。

（一）信用证当事人

信用证的当事人较多，主要有：

（1）开证申请人（applicant）。开证申请人，又称开证人（opener），指向银行申请开具信用证的人，即进口人或实际买主。

（2）开证行。开证行指受开证人之托开具信用证、保证付款的银行，一般在进口人所在地。

（3）通知行（advising bank，notifying bank）。通知行指受开证行之托将信用证通知或转交出口人的银行，它只证明信用证的真伪，并不承担其他义务。通知行一般在出口人所在地，通常是开证行的分行或代理行。

（4）受益人（beneficiary）。受益人指信用证指定的有权使用该证的人，即出口人或实际供货人。

（5）议付行（negotiating bank）。议付行指愿意买入或贴现受益人跟单汇票的银行，它可以是指定银行，也可以是非指定银行，视信用证条款的规定。

（6）付款行（paying bank，drawee bank）。付款行是开证行指定的付款银行，一般是开证行本身，也可以是开证行指定的另一家银行（代付行），视信用证条款的规定。

此外，信用证还可能涉及保兑行、偿付行、受让人等其他当事人。上述当事人根据信用证种类或使用方式的不同，都会参与信用证支付的过程。这个过程从开证人申请开证直到开证行收回垫款，其间要经过多个环节、办理各种手续；而且由于信用证的种类不同，其条款又有不同的规定，业务环节和手续也有所不同。

（二）信用证业务的一般流程

（1）合同规定使用信用证支付货款；

（2）进口人填制开证申请书，交纳押金和手续费，要求开证行开出以出口人为受益人的信用证；

（3）开证行将信用证寄交出口人所在地的分行或代理行（通知行）；

（4）通知行核对印鉴无误后，将信用证转交出口人；

（5）出口人审核信用证与合同相符后，按信用证规定装运货物，并备齐各项货运单据，开具汇票，在信用证有效期内一并送交当地银行（议付行）请求议付；

（6）通知行要求出口商交单；

（7）议付行审核单据与信用证无误后，按汇票金额扣除利息和手续费，将货款垫付给出口人；

（8）议付行将汇票和单据寄交开证行或其指定的付款行索偿；

（9）开证行或其指定的付款行审单无误后，向议付行付款；

（10）开证行在向议付行办理转账付款的同时，通知进口人付款赎单；

（11）进口人审单无误后，付清货款；

（12）进口商凭单提货（图 4.7）。

图 4.7 信用证业务基本流程

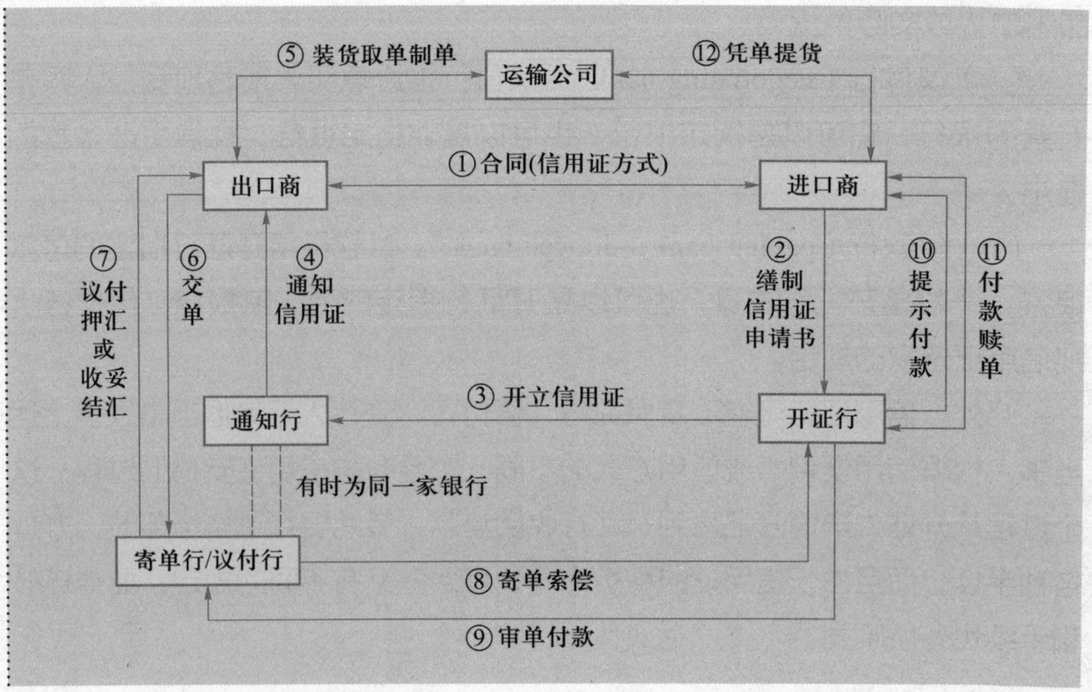

（三）信用证的特点

1. 信用证是一项独立文件

信用证虽以贸易合同为基础，但它一经开立，就成为独立于贸易合同之外的另一种契约。贸易合同是买卖双方之间签订的契约，只对买卖双方有约束力；信用证则是开证行与受益人之间的契约，开证行和受益人以及参与信用证业务的其他银行均应受信用证的约束，但这些银行当事人与贸易合同无关，故不受合同的约束。

2. 开证行是第一付款人

信用证支付方式是一种银行信用，由开证行以自己的信用做出付款保证，开证行提供的是信用而不是资金，其特点是在符合信用证规定的条件下，首先由开证行承担付款的责任。

3. 信用证业务处理的是单据

信用证业务是一种纯粹的凭单据付款的业务。只要单据与单据相符、单据与信用证相符，只要能确定单据在表面上符合信用证条款，银行就得凭单据付款。因此，单据成为银行付款的唯一依据，银行对于任何单据的形式、完整性、准确性、真实性、伪造或法律效力，或单据上规定的或附加的一般及/或特殊条件，概不负责任，对于货物的品质、包装是否完好，数（重）量是否完整等，也不负责任。在信用证支付条件下，受益人要想安全、及时收到货款，必须做到“单单一致”“单证一致”。

关于进一步加强支付结算管理防范电信网络新型违法犯罪有关事项的通知

为有效应对和防范电信网络新型违法犯罪的新形势和新问题，保护人民群众财产安全和合法权益，现就进一步加强支付结算管理有关事项通知如下：

一、健全紧急止付和快速冻结机制

（一）准确反馈交易流水号

银行业金融机构（以下简称银行）和非银行支付机构（以下简称支付机构）在受理公安机关通过电信网络新型违法犯罪交易风险事件管理平台（以下简称管理平台）发起的查询业务时，应当执行下列规定：

（1）对于支付机构发起涉及银行账户的网络支付业务，银行应当按照管理平台报文要求，准确提供该笔业务对应的由清算机构发送的交易流水号。

（2）支付机构应当支持根据清算机构发送的交易流水号查询对应业务的相关信息，并按照管理平台报文要求反馈。

（二）强化涉案账户查询、止付、冻结管理

对于公安机关通过管理平台发起的涉案账户查询、止付和冻结业务，符合法律法规和相关规定的，银行和支付机构应当立即办理并及时反馈。银行和支付机构应当建立涉案账户查询、止付、冻结 7 × 24 小时紧急联系人机制，设置 AB 角，并于 2019 年 4 月 1 日前将紧急联系人姓名、联系方式等信息报送法人所在地公安机关。紧急联系人发生变更的，应当于变更之日起 1 个工作日内重新报送。

二、加强账户实名制管理

（三）加强单位支付账户开户审核

支付机构为单位开立支付账户应当严格审核单位开户证明文件的真实性、完整性和合规性，开户申请人与开户证明文件所属人的一致性，并向单位法定代表人或负责人核实开户意愿，留存相关工作记录。支付机构可采取面对面、视频等方式向单位法定代表人或负责人核实开户意愿，具体方式由支付机构根据客户风险评级情况确定。单位存在异常开户情形的，支付机构应当按照反洗钱等规定采取延长开户审核期限、强化客户尽职调查等措施，必要时应当拒绝开户。

（四）开展存量单位支付账户核实

支付机构应当按照本通知第三项规定的开户审核要求，开展全部存量单位支付账户实名制落实情况核实工作。核实中发现单位支付账户未落实实名制要求或者无法核实实名制落实情况的，应当中止其支付账户所有业务，且不得为其新开立支付账户；发现疑似电信网络新型违法犯罪涉案账户的，应当立即报告公安机关。

（五）完善支付账户密码安全管理

支付机构应当完善客户修改支付账户登录密码、支付密码等业务的安全管理，不得仅凭验证支付账号绑定银行账户信息即为客户办理修改支付账户登录密码、支付密码和预留手机号码等业务。

（六）健全单位客户风险管理

支付机构应当健全单位客户风险评级管理制度，根据单位客户风险评级，合理设置并动态调整同一单位所有支付账户余额付款总限额。支付机构发现单位支付账户存在可疑交易特征的，应当采取面对面、视频等方式重新核实客户身份，甄别可疑交易行为，确属可疑的，应当按照反洗钱有关规定采取相关措施，无法核实的，应当中止该支付账户所有业务；对公安机关移送涉案账户的开户单位法定代表人或负责人、经办人员开立的其他单位支付账户，应当重点核实。

（七）优化个人银行账户变更和撤销服务

自 2019 年 6 月 1 日起，银行应当为个人提供境内分支机构跨网点办理账户变更和撤销服务。

（八）建立合法开立和使用账户承诺机制

自 2019 年 6 月 1 日起，银行和支付机构为客户开立账户时，应当在开户申请书、服务协议或开户申请信息填写界面醒目告知客户出租、出借、出售、购买账户的相关法律责任和惩戒措施，并载明以下语句："本人（单位）充分了解并清楚知晓出租、出借、出售、购买账户的相关法律责任和惩戒措施，承诺依法依规开立和使用本人（单位）账户"，由客户确认。

（九）加大买卖银行账户和支付账户、冒名开户惩戒力度

自 2019 年 4 月 1 日起，银行和支付机构对经设区的市级及以上公安机关认定的出租、出借、出售、购买银行账户（含银行卡）或者支付账户的单位和个人及相关组织者，假冒他人身份或者虚构代理关系开立银行账户或者支付账户的单位和个人，5 年内暂停其银行账户非柜面业务、支付账户所有业务，并不得为其新开立账户。惩戒期满后，受惩戒的单位和个人办理新开立账户业务的，银行和支付机构应加大审核力度。人民银行将上述单位和个人信息移送金融信用信息基础数据库并向社会公布。

三、加强转账管理

（十）载明非实时到账信息

自 2019 年 6 月 1 日起，对于客户选择普通到账、次日到账等非实时到账的转账业务的，银行和支付机构应当在办理结果回执或界面明确载明该笔转账业务非实时到账。

（十一）改进自助柜员机转账管理

银行通过自助柜员机为个人办理业务时，可在转账受理界面（含外文界面）以中

文显示收款人姓名、账号和转账金额等信息（姓名应当脱敏处理），并以中文明确提示该业务实时到账，由客户确认。符合上述要求的，可不再执行关于自助柜员机转账24小时后到账的规定。鼓励银行在自助柜员机应用生物特征识别等多因素身份认证方式，积极探索兼顾安全与便捷的支付服务。

资料来源：中国人民银行．中国人民银行关于进一步加强支付结算管理防范电信网络新型违法犯罪有关事项的通知［Z］．2019.

本章测试

思考题：

1. 简述商业银行结算业务的种类。
2. 什么是信用证？其具有哪些特点？
3. 简述结算业务的原则与纪律。
4. 国际汇款业务有哪些当事人？

实操题目：

1. 分小组按照电汇业务流程，办理一次商业银行国内电汇业务。
2. 完成本章情境引入中的问题。

第五章
商业银行银行卡业务

本章学习目标

理解银行卡的含义。

理解银行卡的功能。

了解银行卡的分类。

能够按照流程办理银行卡的开户、销户和资金存入、支出。

能够按照流程办理银行卡的挂失业务。

了解银行卡的计息、收费规定。

本章知识思维导图

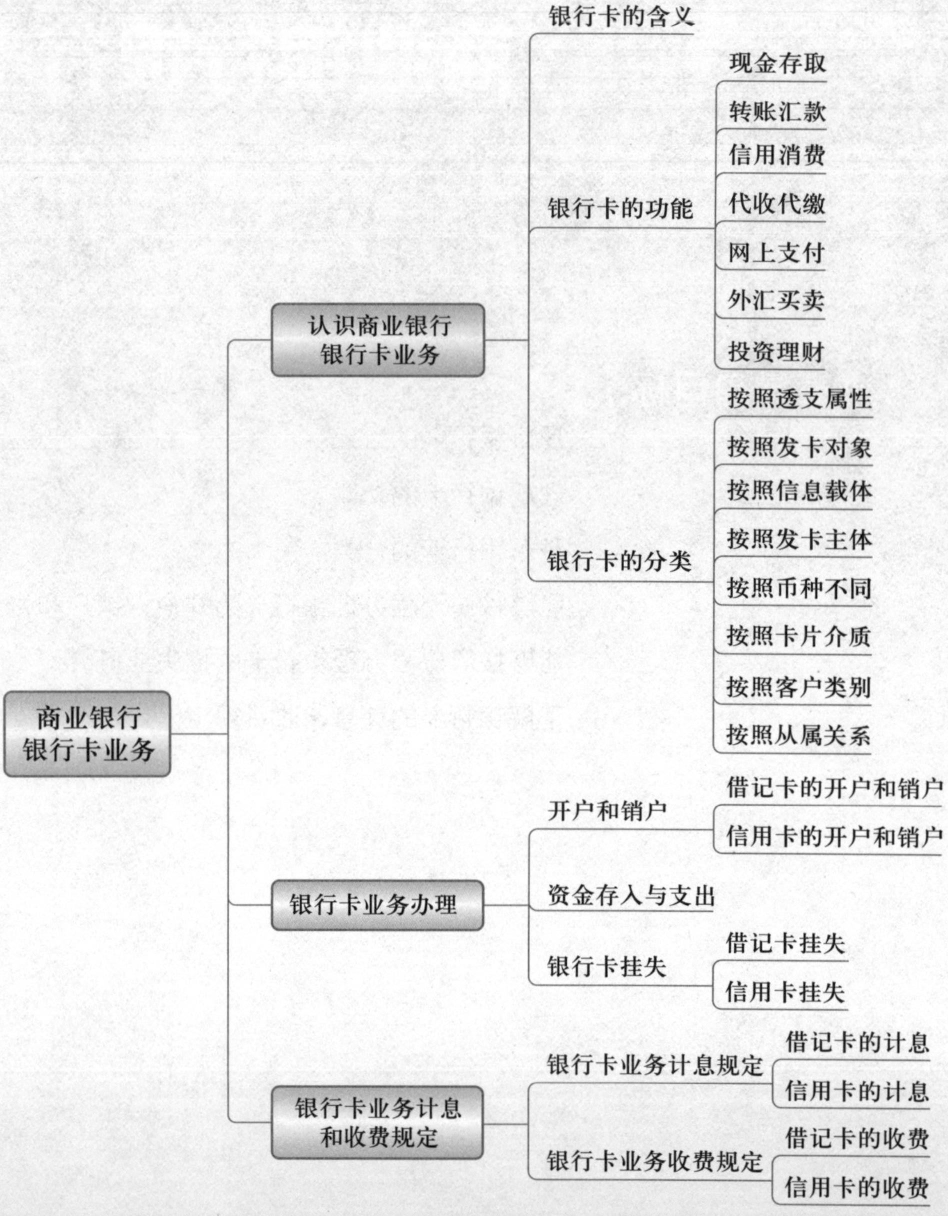

本章关键术语

借记卡　信用卡　资金存入　资金支出　银行卡挂失　银行卡计息　银行卡收费

本章情境引入

在商业银行的柜台前，一位客户对柜员说：“你好，我想办理一张银行卡。”柜员与其沟通：“请问您需要使用这张卡办理哪些业务？”客户讲清楚：“我需要用这张银行卡存取现金，还要购买你们银行的理财产品。”

假设你是柜员，请认真学习本章内容，学习后按照客户的需求，按照业务流程为其办理合适的银行卡。

情境引入微视频

第一节
认识商业银行银行卡业务

一、银行卡的含义

银行卡是指由商业银行发行的具有现金存取、转账结算以及信用消费等功能的一种金融支付工具。日常实践中银行卡分为借记卡和信用卡两大类，银行卡面向个人和单位发行，个人银行卡的持卡人为本人，单位银行卡由单位授权指定持卡人个人使用。一般地，银行卡样式包括银行名称、卡号、芯片、磁条、银行卡品牌标志等基本信息，信用卡卡面还有持卡人姓名拼音、安全码、卡片的有效期等内容，见图 5.1。

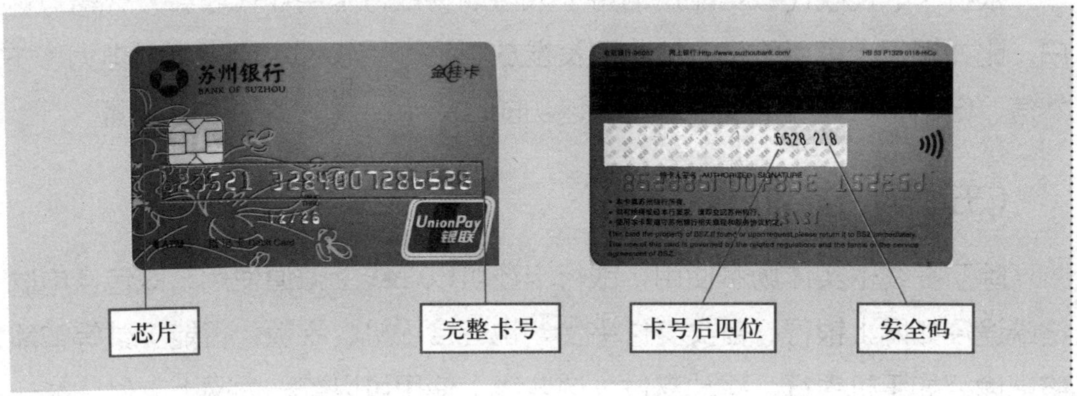

图 5.1　银行卡正反面图样

二、银行卡的功能

银行卡伴随着社会经济和科学技术的发展而产生、运用，并不断扩大使用范围，覆盖了从线上到线下的各种渠道，目前银行卡的主要功能包括现金存取、转账汇款、信用消费、代收代缴、网上支付、外汇买卖、投资理财等。

（一）现金存取

银行卡与其他账户支付凭证一样具备最基础的储蓄功能，即现金存款和取款，并且银行卡有通存通兑的特点，可以在发卡银行联网网点办理存款、取款业务，也可以在 ATM 机（自动柜员机）、智能型柜员机办理相关业务，比其他账户凭证（如存折、存单等）渠道更广泛、办理更便捷、使用更安全。

（二）转账汇款

银行卡具有转账汇款的结算功能，与传统的现金汇款、票据支付等结算方式相比，能有效减少现金、票据的流通使用，即持卡人只需携带银行卡即可办理转账汇款业务，不再受现金实物或票据使用的限制，降低了使用成本，提升了资源效益，有效推动了结算业务发展。

（三）信用消费

银行卡作为一种信用支付工具，可以由发卡银行授予一定的信用额度，持卡人在该额度内先透支消费再还款，也可以由持卡人先存入资金再消费使用，这种透支使用和信用消费的功能大大方便了持卡人。

（四）代收代缴

银行卡的代收代缴功能是指持卡人可以将银行卡用作代收款及代缴款账户，比如银行卡可用于个人接收工资发放，还可用于绑定自来水、电力、天然气、电话费、有线电视等缴费，该功能服务于居民生活的方方面面。

（五）网上支付

除了在线下实体场景使用，银行卡还可以在线上渠道使用，既包含电脑终端途径如网上银行、各类支付平台，也包含手机、平板、智能穿戴等智能终端途径如手机银行、移动支付，这些线上使用可以统称为网上支付，能让持卡人更快速地进行消费、支付、转账。

（六）外汇买卖

外汇买卖是指外币（人民币以外的其他国家或地区的币种）的兑换、买入、卖出。个人具有外汇业务的需求，可以通过银行卡进行办理，实现外币的买入或卖出，与人民币进行兑换交易。

（七）投资理财

银行卡可以绑定股票证券、基金、理财、债券等账户，并提供以上这些相关的投资理财功能，资金查询、管理功能，有效促进投资交易。

三、银行卡的分类

依据不同的标准，银行卡可以有多种分类。

（一）按照透支属性，分为借记卡和信用卡

这是银行卡最基本的分类方式，所有卡种都涵盖在这两类中。借记卡是指发卡银行未向持卡人授予信用额度，只能先存款后使用的银行卡；信用卡是指发卡银行向持卡人预先授予信用额度，供持卡人在信用额度内先透支使用后还款的银行卡。信用卡又可以细分为贷记卡和准贷记卡，两者的区别是，准贷记卡兼具贷记卡透支使用功能和借记卡存款计息功能。

（二）按照发卡对象，分为个人卡和单位卡

个人卡的账户人和持卡人均为自然人本人，单位卡则绑定单位名称和账户，但授权单位人员为指定持卡人，行使银行卡使用相关权利。

（三）按照信息载体，分为磁条卡和芯片卡

银行卡在使用时需要读取卡片信息，一般由磁条刷卡或 IC（集成电路）芯片感应读取，这两种载体可以单一或复合存在于银行卡上，相对而言，芯片比磁条安全性更高，目前我国境内新发行的银行卡均要求包含芯片。

怎样保管银行卡

（四）按照发卡主体，分为境内卡和境外卡

由我国境内商业银行发行的银行卡为境内卡，由境外商业银行发行的银行卡为境外卡。

（五）按照币种数量，分为单币卡和多币卡

单币卡是指银行卡内只能有一个币种账户，多币卡则是银行卡内可以有多个币种账户，如人民币单币卡、外币多币卡。

（六）按照卡片介质，分为实体卡和电子卡

实体卡是有实物的卡片介质，可以持卡进行交易，电子卡也称虚拟卡或数字卡，无实体介质，只有单独的卡号，但使用功能不受影响。

（七）按照客户类别，分为普通卡和贵宾卡

发卡银行针对不同发卡对象，可以按照一定的标准发行普通卡或贵宾卡，区分相应的服务和功能。

（八）按照从属关系，分为主卡和附属卡

主卡持卡人在本人办理银行卡的基础上，可以为直系亲属办理附属卡，附属卡必须依附于主卡，在主卡限制范围内使用。

除以上较常见的分类方式外，银行卡还有其他几种特殊分类：按照银行卡品牌不同，可以分为银联卡、VISA（维萨）卡、MasterCard（万事达）卡、American Express（美国运通）卡、JCB 卡等；按照特殊用途，可以分为社会保障卡、军人保障卡、校园卡等；按照卡片合作情形，可以分为主题卡、联名卡、认同卡等。

第二节 银行卡业务办理

本节主要分析个人借记卡和信用卡的开、销户，资金存取，挂失以及计息收费规定。

一、银行卡开户和销户

（一）借记卡的开户与销户

1. 借记卡的开户

借记卡是面向个人发行的具有现金存取、消费缴费、转账汇款、投资理财、账户管理等功能的支付结算工具。借记卡没有透支功能，需要先存入资金才能使用，借记卡内可以开立多个账户，包括活期账户和定期账户，均关联至借记卡，因此借记卡也具有明显的储蓄特征。

借记卡开户应满足以下流程和要求：

（1）借记卡面向个人，包括境内个人和境外个人，即中国公民、境内的外籍人士、港澳台同胞均可申请开立借记卡。

（2）借记卡开户要求符合国家实名制规定，必须使用实名开户，个人应提供本人有效身份证件向发卡银行申请开立借记卡，有效身份证件包括居民身份证、临时身份证、户口簿、军官证、港澳居民来往内地通行证、台湾居民来往大陆通行证、外国护照等。

（3）按照银行卡账户分类管理限制要求，个人在同一家发卡银行所有分支机构申请开立借记卡原则上最多只能四张，其中最多只有一张为Ⅰ类户（无使用限额管控），但社会保障卡、医疗保险卡、军人保障卡等特殊卡种除外。

（4）个人可以委托单位批量申请或委托他人代理申请开立借记卡，但开立后仍需本人激活才能正常使用。

（5）未成年人申请借记卡开户应由监护人代办，并提供双方的有效身份证件和监护关系证明。

（6）个人可以选择在发卡银行网点现场申请开立借记卡或者通过线上渠道申请开户，现场开户可以选择是否配卡以及账户分类，线上开户只能是Ⅱ类户或Ⅲ类户，为无实体介质的电子卡。

（7）申请开立借记卡的个人应向发卡银行完整提供真实准确、合法有效的资料，为防范电信诈骗，应保证借记卡为本人使用，并留存本人的手机号码，为借记卡设立密码并妥善保管卡片、密码。

2. 借记卡的销户

借记卡销户原则上需要本人办理，持卡人应持本人有效身份证件、借记卡到发卡银行网点现场申请销卡，还清卡内账户欠款、解绑卡内原有签约关系、注销电子银行等功能后将卡内账户全部销户，然后办理销卡，完成后对卡片进行磁条和芯片的剪角作废。

特殊情形的销卡，如未成年人名下的借记卡销户，应由监护人持双方有效身份证件和监护关系证明代办；借记卡持卡人已过世，则应由代办人提供相关公证证明或按照银行的相关规定办理销卡。

（二）信用卡的开户与销户

1. 信用卡开户

信用卡是面向个人和单位发行，授予一定的信用额度，可供持卡人在信用额度内先消费后还款进行透支使用的信用支付工具。信用卡还具有分期付款、取现、跨境消费等交易功能，本部分主要分析个人信用卡。

信用卡开户应满足以下流程和要求：

（1）信用卡具有透支功能，涉及个人征信信用状态，因此相对于借记卡开户，对申请人的开户申请资格审核更加严格，申请人个人必须年满18周岁且具有完全民事行为能力，有稳定收入。

（2）申请人个人包括境内个人和境外个人，即中国公民、境内的外籍人士、港澳台同胞均可在符合条件的基础上申请开立信用卡。

（3）信用卡申请开户要求符合国家实名制规定，必须使用实名开户，个人应提供本人有效身份证件向发卡银行申请信用卡，有效身份证件包括居民身份证、临时身份证、军官证、港澳居民来往内地通行证、台湾居民来往大陆通行证、外国护照等。

（4）信用卡申请不允许代办，只能本人办理。

（5）申请信用卡时，申请人应按发卡银行的规定和要求如实填写纸质或电子申请表单并提供相关证明文件，保证填写的内容以及提供的申请资料真实有效、完整合法，同意并遵守信用卡使用相关约定。

（6）信用卡可以申请主卡和附属卡，即主卡持卡人可以为直系亲属申请附属卡（未成年子女需满足年龄要求），附属卡持卡人与主卡持卡人共享信用额度，主卡也可以设置附属卡的可用信用额度、使用条件等，同时对附属卡下的欠款承担还款责任。

（7）申请信用卡开户的个人应向发卡银行预留本人的手机号码，承诺本人用卡，防范电信诈骗，保管好卡片、密码等信息。

（8）信用卡分为实体卡和电子卡，申请人可以选择有实体卡片的信用卡或纯数字的电子信用卡。实体卡待卡片收到后需激活才能正常使用。电子信用卡可直接在移动支付端（如手机 App）进行消费支付、还款等。

（9）信用卡发卡银行根据申请人提交的材料资质、信用状况进行评估，决定是否通过信用卡申请发卡并核定信用额度。

2. 信用卡销户

个人信用卡持卡人申请销户时应按发卡银行规定办理销户手续，并向发卡银行全额清偿卡下欠款。

持卡人可以到发卡银行网点柜台填写销户申请书或拨打发卡银行信用卡客服电话办理销户。此时，该销户申请为预销户状态，非正式销户，自提交销户申请之日起 45 天内，发卡银行办理正式销户手续。持卡人应还清信用卡正式销户前该卡下全部欠款。持卡人未全额清偿的，发卡银行不予办理销户手续。一旦确认销户，应保证无欠款也无多余款。主卡销户后，其附属卡也同时终止。

二、银行卡资金存入与支出

银行卡在日常使用过程中，涉及资金交易，必然会有资金存入和支出环节。无论是借记卡还是信用卡，资金存入和支出都是以现金或转账这两种形式发生。

（一）资金存入

借记卡和信用卡的资金都可以将现金直接存入，也可以通过转账转入。

现金存入可以由持卡人本人或他人携现金实物办理，也可以通过银行网点人工柜台、ATM 机、新型现金智能机器办理。办理渠道的区别是人工柜台有营业时间限制，自助机器渠道不受时间限制。现金存入具有直观可见、即时到账的特点，但也存在占用时间成本、效率低、安全性不高的问题。

转账存入是通过银行账户间的转账、汇款，支付平台的提款交易，从本人或他人、平台账户的资金转到持卡人的银行卡上的非现金形式的资金入账。转账存入有效避免了现金存入的弊端，没有现金使用的安全顾虑，依托于网上银行、手机银行和电子支付的快捷性，能够做到实时高效。但转账存入必须确保转账信息正确，否则转账会失败，资金无法到账，会被退回。

信用卡没有账户分类管理要求，现金和转账存入金额不受限制。而借记卡受到账户分类限制，无论是现金还是转账，在存入时需要特别注意，Ⅰ类户无金额限制，Ⅱ类户现金存入以及从非绑定账户转账存入日限额为 1 万元，Ⅲ类户基本只能从绑定账户转账存入，Ⅱ、Ⅲ类户与绑定的Ⅰ类户之间互转没有限额。

（二）资金支出

借记卡和信用卡的资金支出可以分为现金支出和转账支出，其中转账支出也包含消费支出。

借记卡现金支出可以通过人工柜台、ATM 机、新型现金智能机器办理，同样在时间条件上自助渠道比人工渠道更方便。借记卡转账支出可以通过人工柜台、网上银行、手机银行、ATM 机、智能柜台机器、POS 机（商户用于非现金结算的收款设备）、网上快捷支付平台等多种渠道办理，与现金支出相比，转账支出的途径更广泛、效率更高，但需要注意转账支出的安全性，当前电信网络诈骗频发，通过网络办理转账时需要严格把关，保护资金安全。而借记卡的资金支出同样存在账户分类限制，Ⅰ类户无金额限制，Ⅱ类户现金支出以及向非绑定账户转账支出每天限额 1 万元，Ⅲ类户向非绑定账户转账支出每天限额 2 000 元，Ⅱ、Ⅲ类户与绑定的Ⅰ类户之间互转没有限额。

信用卡无论是现金支出还是转账支出，都限制要求由持卡人本人凭有效身份证件办理，与借记卡资金支出相比，在身份审核上要求更严格。如果信用卡资金支出使用了信用额度，即将信用额度的钱透支取出，则不仅要受信用卡账户本身的透支限额限制，使用时还需严格按照信用卡合约规定执行。信用卡的消费支出同样应该保证规范、合理，不得将信用卡资金用于违规用途或套现等。

三、银行卡挂失

银行卡挂失分为密码挂失和凭证挂失，密码挂失一般通过银行网点现场、电子银行渠道或客服电话当场办理并重置；凭证挂失则是对银行卡卡片进行挂失，即持卡人如发现银行卡丢失或被盗，及时办理卡片挂失手续，保护银行卡账户资金安全。银行卡卡片挂失分为借记卡挂失和信用卡挂失，两种卡类型的挂失流程存在区别。

（一）借记卡挂失

借记卡挂失分为临时挂失和正式挂失，临时挂失只是一种暂时的挂失状态，可以转为正式挂失并由正式挂失覆盖。

临时挂失有效期一般包括“五天”和“长期”两种，如选择临时挂失期限为“长期”，临时挂失状态将一直保持直到办理正式挂失；如选择临时挂失期限为“五天”，则持卡人应在临时挂失后五日之内，办理正式挂失手续，否则临时挂失在有效期满后将自动失效，届时存在账户资金安全隐患。挂失手续办妥，正式挂失即生效。主卡挂失后，不影响附属卡使用。

持卡人可到银行网点或通过网上银行、手机银行、电话银行等电子渠道办理临时挂失。持卡人在银行网点的人工柜台办理挂失时，需要填制挂失申请书（见图 5.2），凭本人有效身份证件办理。随着信息进步，大部分商业银行实行无纸化填单，借记卡挂失可在智能柜员机（见图 5.3）上凭本人身份证直接办理。

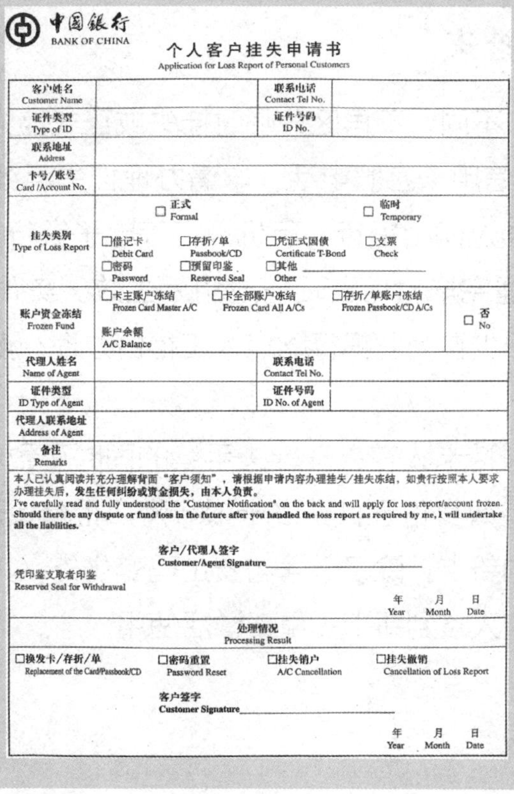

中国银行 BANK OF CHINA

个人客户挂失申请书
Application for Loss Report of Personal Customers

客户姓名 Customer Name		联系电话 Contact Tel No.	
证件类型 Type of ID		证件号码 ID No.	
联系地址 Address			
卡号/账号 Card /Account No.			
挂失类别 Type of Loss Report	□正式 Formal　□临时 Temporary □借记卡 Debit Card　□存折/单 Passbook/CD　□凭证式国债 Certificate T-Bond　□支票 Check □密码 Password　□预留印鉴 Reserved Seal　□其他 Other ______		
账户资金冻结 Frozen Fund	□卡主账户冻结 Frozen Card Master A/C　□卡全部账户冻结 Frozen Card All A/Cs　□存折/单账户冻结 Frozen Passbook/CD A/Cs 账户余额 A/C Balance		□否 No
代理人姓名 Name of Agent		联系电话 Contact Tel No.	
证件类型 ID Type of Agent		证件号码 ID No. of Agent	
代理人联系地址 Address of Agent			
备注 Remarks			

本人已认真阅读并充分理解背面“客户须知”，请根据申请内容办理挂失/挂失冻结，如贵行按照本人要求办理挂失后，**发生任何纠纷或资金损失，由本人负责。**
I've carefully read and fully understood the "Customer Notification" on the back and will apply for loss report/account frozen. **Should there be any dispute or fund loss in the future after you handled the loss report as required by me, I will undertake all the liabilities.**

客户/代理人签字
Customer/Agent Signature______________

凭印鉴支取者印鉴
Reserved Seal for Withdrawal

年 Year　月 Month　日 Date

处理情况
Processing Result

□换发卡/存折/单 Replacement of the Card/Passbook/CD　□密码重置 Password Reset　□挂失销户 A/C Cancellation　□挂失撤销 Cancellation of Loss Report

客户签字
Customer Signature______________

年 Year　月 Month　日 Date

图 5.2　借记卡挂失申请书

图 5.3 智能柜员机

持卡人办理正式挂失手续后，可凭书面挂失申请书、本人有效身份证件补办新卡，有的银行通过电子渠道提供正式挂失和申请补卡同步办理业务，方便持卡人线上操作。

持卡人可以申请撤销借记卡挂失。持卡人挂失后，在还未办理补换新卡手续前又找到遗失卡并打算继续使用的情况下，可以申请撤销挂失，待发卡银行受理后可恢复原卡使用。

（二）信用卡挂失

信用卡与借记卡不同，不再区分临时挂失或正式挂失，持卡人应及时致电发卡银行 24 小时信用卡客服电话，申请办理挂失手续；也可以到发卡银行网点柜台，或者通过网上银行、手机银行等电子银行渠道办理挂失手续。挂失自挂失手续办理完毕且后台受理成功后生效。实践中，不同于借记卡的是，信用卡挂失很少在商业银行网点人工柜台办理，多数致电信用卡客服办理。

有关补卡事项，持卡人在办理挂失手续的同时可致电发卡银行 24 小时客服电话或凭本人有效身份证件在发卡银行网点柜台按规定办理补卡手续。信用卡挂失后补发的新卡，除了卡号与安全码变化外，其他对应关系、账户余额等均不变，持卡人拿到新卡需重新激活使用。

第三节

银行卡业务计息和收费规定

一、银行卡业务计息规定

（一）借记卡的计息

借记卡作为凭证载体，可以在卡下对应开立账户，包括活期账户和定期账户，卡下开立的账户即为借记卡关联账户，借记卡的计息是对卡内关联账户的计息。由于借记卡的储蓄特征，资金存入借记卡的关联账户并转为账户存款，该存款按照符合中国人民银行规定的存款利率及计息办法，以及发卡银行关于个人存款的相关规定计付利息。卡内活期账户按照活期存款利率计息，定期账户按照相应期限的定期利率计息。

此外，具有银联标志的芯片借记卡若配有电子现金账户，电子现金视同现金，不计付利息。

（二）信用卡的计息

一般而言，除部分信用卡产品外，发卡银行对信用卡账户内的存款（含多余溢出部分）不计付利息。对于计付利息的产品，发卡银行对持卡人信用卡账户内存款按照中国人民银行规定的活期存款利率及计息办法计付利息。

此外，具有电子现金功能的信用卡，按照中国人民银行有关规定，电子现金账户余额不计存款利息。

二、银行卡业务收费规定

不同类型的银行卡在计息规则和收费规定方面都不完全相同，作为最基础的借记卡和信用卡，在计息和收费上有着明显的区别。

（一）借记卡的收费

对于借记卡的收费，发卡银行应严格执行政府定价、政府指导价、市场调节价等监管收费管理规定，并对各项具体收费项目及标准，以及服务优惠措施等进行公告，持卡人可通过银行网点、官方网站等渠道进行查询。

按照最新的收费政策，借记卡年费、账户管理费已取消，工本费、挂失手续费、短信通知服务费和电子银行相关费用仍正常收取。借记卡收费应符合需求与服务、价格相匹配的原则，做到规范、合理。

（二）信用卡的收费

信用卡的收费涉及年费、手续费、透支利息、还款违约金等多个项目，不同发卡银行的信用卡收费规定不完全一致，总体以这几项为主。

一是年费，信用卡年费按照卡片等级不同，收费价格和优惠也不同，综合比较银行间信用卡年费政策，排除特殊类信用卡，一般年费模式为新卡免首年年费，刷卡消费满一定次数即免次年年费。而且一般信用卡激活后收取年费，卡片未激活则不收取年费。

二是手续费，信用卡主要用于在信用额度内消费，虽然提供一定的透支取现额度，但如果从额度内取现则需要付相应的取现手续费。

三是透支利息，分为透支取现交易的利息和非透支取现交易的利息。前者是在信用额度内透支取现，产生了取现手续费后，其透支金额就会由现金透支交易记账日起按透支利率计收利息至偿还日为止，发卡银行按月计收复利。后者是属于信用卡正常的消费交易，并且涉及“免息还款期”概念，即持卡人的非透支取现交易从记账日至到期还款日止为“免息还款期”。信用卡的“免息还款期”一般为20～50天，具体到期还款日和免息还款期等以持卡人申请的信用卡规则为准。持卡人在“免息还款期”内偿还信用卡账单全部欠款的，无须支付透支利息；在免息还款期内未全额偿还信用卡账单全部欠款的，全部欠款不适用免息还款规定，持卡人应支付每期账单透支利息，如未偿还最低还款额将收取还款违约金，透支利息由非透支取现交易记账日起以实际欠款金额及实际欠款天数正常计息。以信用卡办理的现金透支交易不享受免息还款期待遇。因此，信用卡的透支利息并非一定会收取，需要区别不同情形。

四是还款违约金，如前所述，如持卡人未偿还信用卡账单的最低还款额，将会收取还款违约金。

发卡银行按照法律法规和监管规定制定收费项目、收费标准，持卡人使用信用卡需按发卡银行对外公布的服务收费业务价格支付相关费用，同时应及时关注信用卡使用状况，形成良好的用卡、还款习惯，维护良好的个人征信状态。

拓展阅读资料

账户分类管理

《中国人民银行关于加强支付结算管理防范电信网络新型违法犯罪有关事项的通知》（银发〔2016〕261号，以下简称“261号文”）。

根据“261号文”个人银行账户分类管理规定，个人银行结算账户分为Ⅰ类户、Ⅱ类户和Ⅲ类户。

自2016年12月1日起，持卡人在发卡银行境内全部分支机构内只能开立一个Ⅰ类户，Ⅰ类户具有存取现金、转账结算、消费、理财、缴费等全部或部分功能。Ⅱ类户可以办理存款、购买投资理财产品等金融产品、限额消费和缴费、限额向非绑定账户转出资金业务。经银行网点核实身份后开立的Ⅱ类户还可以办理存取现金、非绑定账户资金转入。Ⅲ类户可以办理限额消费和缴费、限额向非绑定账户转出资金业务。持卡人在银行网点柜台开立的Ⅰ类、Ⅱ类账户，可以选择是否配发实体借记卡；在非面对面渠道可申请开立Ⅱ类、Ⅲ类账户，不提供实体借记卡。

在满足账户数量、账户类型控制前提下，持卡人可申请办理账户类型升降级。使用关联Ⅱ类户的借记卡：非绑定账户转入资金、存现日累计限额为1万元，年累计限额为20万元；消费和缴费、向非绑定账户转出资金、取现日累计限额为1万元，年累计限额为20万元。使用关联Ⅲ类户的借记卡：Ⅲ类户账户余额不得超过2 000元；消费和缴费支付、向非绑定账户转出资金日累计限额为2 000元，年累计限额为5万元。

本章测试

思考题：

1. 商业银行银行卡的含义是什么？
2. 简述商业银行银行卡的功能。
3. 简述商业银行信用卡办理流程。
4. 简述商业银行借记卡的挂失流程。

实操题目：

1. 选择一家商业银行，做一次银行卡开户业务（可以家人或本人），完成实践报告一份，报告包含以下内容：

（1）陈述银行卡开户业务办理流程。

（2）谈一谈在开户办理过程中遇到的问题和服务体会。

2. 完成本章情境引入中的问题。

第六章
商业银行证券投资业务

本章学习目标

了解商业银行证券投资的含义。

熟悉商业银行证券投资的对象。

掌握商业银行证券投资的目标。

能够计算商业银行证券投资的收益。

熟知商业银行证券投资可能面对的风险。

能够运用商业银行证券投资策略。

本章知识思维导图

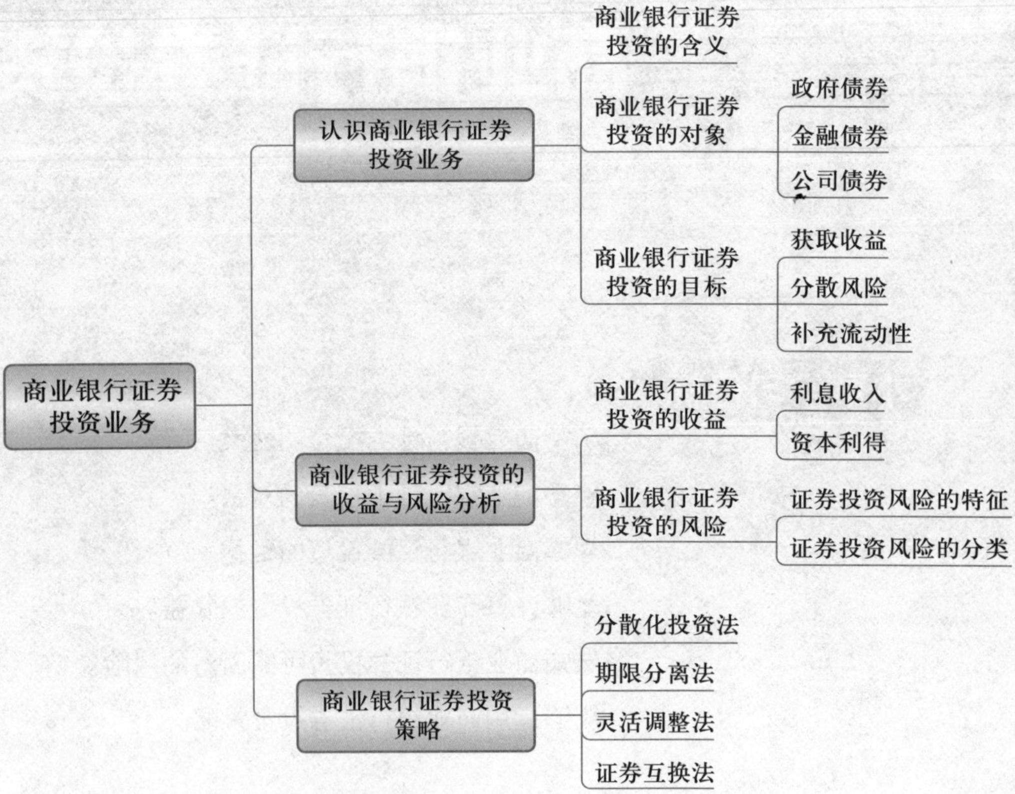

本章关键术语

证券投资　政府债券　金融债券　公司债券　投资收益　投资风险　分散化投资法　期限分离法　灵活调整法　证券互换法

本章情境引入

情境引入微视频

一家商业银行中，一位新入职的员工正在向该行领导学习，谈到商业银行证券投资问题，该行领导说："证券投资业务对于我们商业银行的经营来说具有重要的意义，能让我们获得收益、分散风险、补充流动性。"新员工内心产生了很多疑问：作为商业银行的资产业务，证券投资业务与贷款业务有什么区别呢？商业银行一般都会投资什么金融产品呢？

请认真学习本章内容，学习后回答新员工内心的疑问。

第一节

认识商业银行证券投资业务

一、商业银行证券投资的含义

商业银行证券投资是商业银行以其资金在金融市场上购买债券等有价证券，以期获取收益的行为。证券投资是商业银行重要的资产业务，与同为资产业务的贷款业务相比，在业务开展的过程中存在诸多不同之处。

首先，在业务开展初期存在不同。贷款业务通常是以客户的申请为起点，商业银行需要依据客户的资信情况、贷款用途等信息决定是否发放贷款，处于被动地位；而证券业务的开展是由商业银行根据市场行情、资金状况等自主决定是否购买有价证券。

其次，在业务开展过程中存在不同。商业银行对贷款业务的定价、贷款额度、贷后管理等具有较大的决定权；在证券业务中商业银行只能接受市场价格，甚至需要承担价格变动带来的损失。

最后，在业务扩张方面存在不同。贷款业务的开展受到收益率、与客户的业务关系、人际关系等因素的影响，业务扩张是一个循序渐进逐渐累积的过程；而证券业务可以直接开展大规模的证券投资，也可以选择快速退出金融市场，具有快速灵活扩张的特点。

二、商业银行证券投资的对象

基于商业银行经营的原则，商业银行证券投资以信用可靠、风险小、流动性强的证券作为投资对象，主要包含政府债券、金融债券、公司债券等。

（一）政府债券

1. 定义

政府债券是指政府财政部门或其他代理机构为筹集资金，以政府名义发行的债券，主要包括国库券和公债两大类。一般国库券由财政部发行，用以弥补财政收支不平衡；公债是指为筹集建设资金而发行的一种债券。

政府债券的性质主要从两个方面理解：第一，从形式上看，政府债券是一种有价证券，它具有债券的一般性质。政府债券本身有面额，投资者投资政府债券可以取得利息，因此，政府债券具备了债券的一般特征。第二，从功能上看，政府债券最初仅是政府弥补赤字的手段，但在现代商品经济条件下，政府债券已成为政府筹集资金、扩大公共开支的重要手段，并且随着金融市场的发展，逐渐具备了金融商品和信用工具的职能，成为国家实施宏观经济政策、进行宏观调控的工具。

2. 特点

（1）安全性高。政府债券的发行主体是政府，以政府信誉做担保，由政府承担还本付息的责任。在各类债券中，政府债券的信用等级是最高的，通常被称为金边债券。商业银行购买政府债券，是一种较安全的投资选择。

（2）流动性强。政府债券信用度高、竞争力强，并且发行量非常大，因此政府债券的二级市场十分发达，政府债券一般不仅允许在证券交易所上市交易，还允许在场外市场进行买卖，使其具有较强的流动性。

（3）收益稳定。商业银行购买政府债券可以得到一定的利息，政府债券的利息由政府保证支付，信用度极高、风险极小，投资收益较为稳定，当政府债券在二级市场交易时，由于其本息较为固定且有保障，交易价格较为稳定，交易双方均可以获得相对稳定的收益。

（4）享受免税待遇。政府为了鼓励人们投资政府债券，对于购买政府债券所获得的收益，可以享受免税待遇。《中华人民共和国个人所得税法》规定，个人投资的公司债券利息、股息、红利所得应缴纳个人所得税，但国债和国家发行的金融债券的利息收入可免缴个人所得税。因此，考虑税收因素，持有政府债券的商业银行可以获得更多的实际投资收益。

（二）金融债券

1. 定义

金融债券是商业银行和非银行金融机构为筹集中长期资金向社会公开发行的债务凭证。我国金融债券的发行开始于 1985 年，发行人主要是中、农、工、建四家国有银行，认购对象主要是城乡居民个人，商业银行及其他金融机构则不得认购，1994 年国家开发银行和中国进出口银行组建，为解决其运营资金问题，两家银行开始向社会公开发行政策性金融债券，其认购对象主要是各家商业银行和其他非银行金融机构。近年来，我国的金融债券市场发展较快，金融债券品种不断增加，主要有政策性金融债券、商业银行债券、证券公司债券、保险公司次级债券、财务公司债券几种。

2. 特点

（1）风险较低。金融债券的发行者为商业银行和非银行金融机构，并且取得中央银行的许可，由于金融机构在一国经济中占有较为特殊的地位，政府对其有较为严格的监管，因此资信等级相对较高，违约程度较低，是商业银行证券投资业务较为安全的选择。

（2）监管力度强。金融债券的发行需要经过中国人民银行、国家金融监督管理局、中国证券监督管理委员会严格的审批程序，需要金融机构在核心资本充足率、偿债能力、盈利能力、风险监管指标等方面达标；另外，在筹集资本的数额上，通常发行的总额有一定的限额，筹集资金的用途也有严格限制，通常要求用于中长期放款或专项投资等。

（三）公司债券

1. 定义

公司债券是公司为筹措资金而发行的债务凭证，发行债券的公司向投资者做出承诺，在约定的时间，按票面金额和利率还本付息。公司债券主要有信用债券和抵押债券两种，信用债券是指公司仅凭其信用发行的债券，一般来说，只有信誉高的大型公司才能发行这类债券；抵押债券是指公司以不动产或动产作为抵押而发行的债券，抵押债券的发行须在主管机关办理抵押登记，并由全部债券持有人的信托受托人取得不动产抵押权或动产质权。如果债券到期公司不能还本付息，受托人就可以依法拍卖抵押品，并将所得收入偿还给债权人。

2. 特点

（1）实际收益较高，但风险较大。由于公司经营状况差异很大，且市场变化无常，公司债券违约风险较大，所以收益高于国债和金融债券。为保障商业银行投资的安全，许多国家对于商业银行购买公司债券都有一定的限制。

（2）流动性差。由于公司债券的风险较大，所以其在二级市场上不容易转手，其流动性远不如政府债券。

三、商业银行证券投资的目标

商业银行经营的总体目标是实现盈利，因此，银行证券投资的作用是在一定的风险水平下使投资收入最大化。围绕这个基本目标，商业银行证券投资具有以下几个主要功能。

（一）获取收益

从证券投资中获得收益是商业银行证券投资的重要目的，商业银行通过吸收存款、发放贷款，获得“存贷利差”，这是商业银行利润中最重要的构成部分，但是，随着经济全球化同业竞争加剧、贷款的高风险等诸多因素都可能使商业银行无法顺利开展贷款业务，从而使资金暂时闲置而不能增值；另外，商业银行的负债绝大部分都是需要支付利息的，持有就需要付出成本。因此，商业银行必须找到合适的途径使闲置资金获得收益。证券投资则是使闲置资金得到充分利用、获取收益的好途径。

（二）分散风险

商业银行在经营过程中有各类风险，需要努力降低风险。降低风险最有效的手段之一是持有多样化的资产。证券投资可达到较好的分散风险的作用：一方面，商业银行将资金用于证券投资业务，实现资产多样化，能够有效避免和抵消贷款业务带来的各类风险，而且证券投资可以根据证券供求关系的变化趋势、通货膨胀等因素及时做出决策转移风险。另一方面，商业银行可以对不同期限、不同发行者、不同收益率的证券采取分散化策略来分散风险。

（三）补充流动性

商业银行经营原则要求保持一定的流动性，商业银行持有现金、在中央银行存款、存放在同业存款等高流动性资产，作为商业银行提高流动性的第一准备金，但这些资产的特点是无利息收入，持有这些资产会增加银行的机会成本，影响商业银行的资产收益率。作为补充流动性资产，短期贷款、贴现、短期证券投资等资产作为商业银行的第二准备金，短期证券投资可以在短期内迅速变现，而且在变现时受损失的可能性较小，一旦银行遇到流动性不足就可以在二级市场上卖出短期证券补充流动性。

商业银行证券投资的主要投资对象为政府债券，我国税法规定购买国债的利息收入，不计入应纳税所得额。政府债券的税收优惠可以使银行利用证券组合达到避税的目的，也有利于提高收益。

第二节

商业银行证券投资的收益与风险分析

一、商业银行证券投资的收益

商业银行证券投资收益是指商业银行证券投资所获得的报酬，包括利息收入和资本利得。

（一）利息收入

1. 定义

利息收入是指商业银行在购买有价证券后，依据发行时的利率获得利息收益。

2. 获取形式

（1）按照票面标明的固定利率计算利息收入。例如，某银行购买了 100 万元的 3 年期国库券，票面利率为 3.8%，则该银行每年可获得 3.8 万元的债券利息收入，3 年到期后共获得 11.4 万元的利息收入。

（2）以贴现形式取得的利息收入。例如某银行购买一年期国库券 100 万元，贴现率为 8%，购买时价格是 92 万元，到期收回本息 100 万元，利息收入则为 8 万元。

（二）资本利得

当商业银行投资于以很高贴现价格出售的债券，其息票利率相对较低时，获得资本利得来增加收益。

二、商业银行证券投资的风险

商业银行证券投资的风险是指商业银行在证券投资时本金或收益遭受损失的可能性。

（一）证券投资风险的特征

1. 客观性

证券市场的风险因素是客观存在的，不以投资者的意愿为转移。证券市场的风险因素较多，逐渐在时间和数量上累积，从而引发整个证券市场的价格波动，导致投资者的实际收益与预期收益产生偏差。

2. 可测性

证券投资风险具有不确定性，但可以通过一定的方法对其进行测度。从统计学的角度看，证券投资风险是实际收益与预期收益的偏离程度，偏离程度越高，风险越大；偏离程度越低，风险越小。

3. 扩展性

当证券投资可能发生的损失与投资者的预期偏差过大时，容易引发过度的投机行为。证券市场内在风险的进一步扩大，会引发金融风暴和经济危机，对国家社会、经济、政治的稳定造成相当大的危害。

4. 可防性

尽管证券投资风险是客观存在的，同时又具有不确定性，甚至达到一定程度后还具有危害性，但投资者可以借鉴现代投资组合理论，利用分散化投资来降低投资风险，同时可以通过做空机制对冲证券市场价格下跌所带来的风险。政府可以通过对现行制度进行改革以及加强市场监督力度，从根本上降低可能出现的证券投资风险。

（二）证券投资风险的分类

1. 按照是否可以通过证券组合消除风险分类

按照是否可以通过证券组合消除风险，商业银行证券投资风险分为系统性风险和非系统性风险。

系统性风险是指由于整个经济或政治等全局性因素变动带来的，无法通过证券组合有效消除的风险。系统性风险会给市场上所有的证券都带来影响，所以是不可能通过各类证券的组合加以消除的。但是由于不同证券受到系统性风险的影响大小不同，商业银行可以通过分析评估，选择系统性风险相对较小的证券进行投资，以降低系统性风险带来的投资风险。

非系统性风险是指由于某一个或某一类证券带来的风险，可以通过证券组合有效地降低的风险。非系统性风险的影响是个别企业、个别行业，而其他行业可能不受任何影响，因此，商业银行可以通过选择不同的证券分散投资风险。

2. 按照风险的来源分类

按照风险的来源，商业银行证券投资风险分为信用风险、市场风险、利率风险、流动性风险。

（1）信用风险。信用风险也称违约风险，是指证券发行人在证券到期时没有能力向证券持有人偿还本金或者有意不履行偿还义务而给证券持有人造成损失的可能性。几乎所有的证券都存在信用风险，但是相比之下，由于政府债券多以财政税收作为偿付本息保障，因此违约风险较低，有些国家出现过少数地方政府债券在经济衰退期不能按期还本付息的情况，但这种情况并不多；公司债券的风险较大，一般银行证券投资的信用风险主要出现在投资的公司债券上。

（2）市场风险。市场风险是指由于证券市场和经济形势变化给证券投资人带来损失的可能性。证券市场受到多种因素的影响，例如政治局势、经济周期、投资中的投机行为等都可能在证券市场上掀起轩然大波。由于市场的这种波动很难被投资者预测，因此证券市场风险最容易给投资者造成损失。

（3）利率风险。利率风险是指由于市场利率的变化导致证券价格波动而给证券投资者带来损失的可能性。一般来讲，证券价格与市场利率是成反比例变化的。市场利率下降，首先，银行存款利率降低，投资者就会把银行存款投入证券市场，这必然会扩大对证券的需求，推动证券价格上涨；其次，利率下降会增大社会货币供应量，从而使投资资金可用量增加，也会推动证券价格上升。

（4）流动性风险。银行证券投资的流动性风险是指银行不能把投资资产转化为现金或在转化过程中遭受损失的可能性。银行证券投资的流动性风险取决于银行投资证券的流动性，如果银行投资的证券能迅速变现而不产生损失，那么银行证券投资的流动性风险就比较小，如果银行投资的证券在短期内不易变现，或变现容易受价格波动的影响，或变现的交易成本很高，那么银行证券投资的流动性风险就比较大。

第三节

商业银行证券投资策略

商业银行证券投资策略是指在法律允许的范围内，综合考虑收益率、投资风险、流动性需求、税收、监管等因素，在投资总量既定的情况下，通过对所持有的证券的期限结构、地域结构、类型结构及发行者结构等进行调节，以期实现一定收益率条件下的投资风险最小化或一定风险程度下的投资收益最大化。

商业银行证券投资管理的有效方法是合理进行多元化证券组合。在进行多元化证券组合的过程中，银行必须考虑三个因素：第一，证券组合中每一种证券的风险。各个证券的风险越小，组合的风险就越小。第二，证券组合中各种证券的比例，高风险证券所占比率越大，组合的总风险越大。第三，证券组合中各种证券收益的相关度。

商业银行常用的证券投资策略有分散化投资法、期限分离法、灵活调整法和证券互换法。前两种策略为被动的投资战略，而后两种策略则为主动的投资战略。

一、分散化投资法

分散化投资法是指商业银行在证券投资过程中，购买多种类型证券，使商业银行持有的各类证券收益和风险相互抵消，降低风险。分散化投资法具体分为期限分散化、地域分散化、类型分散化、发行者分散化。其中最重要的是期限分散化。

（一）期限分散化

期限分散化是指商业银行将资金投入各类期限的证券上。期限分散化的主要方法是“梯形投资法”，即银行把全部投资资金平均投入各种期限的证券上，使银行持有从短期到长期的均等数量的证券，当期限最短的证券到期，收回投资资金，银行将收回的资金再次投资于期限最长的证券，循环往复，使银行随时持有各种期限的证券，而且各种期限的证券数量相等，从而获得各种证券的平均收益率。

例如，某商业银行持有 1 000 万元的投资资金，投资期 5 年，则按照梯形投资法该银行可购买 1 年期、2 年期、3 年期、4 年期、5 年期的债券各 200 万元，1 000 万元均匀地分布在 5 年内，当 1 年期债券到期后，再买进 5 年期的债券，如此反复，商业银行每年都有债券到期，保证了债权投资的流动性。

梯形投资法的优点有：一是操作简单。只要把投资资金平均分配到各种期限的债券上即可。二是可获得平均收益率。由于投资分散，违约风险减小，各种债券价格的上升和下跌可以相互抵消，因此降低了风险，使银行获得平均收益率。三是管理简单。由于梯形投资法操作简单，投资风险较小，不需要管理专家预测市场变化，管理方式相对简单。

梯形投资法的缺点有：一是投资方式不够灵活，商业银行对利率变动的反应是被动的，可能错失好的投资机会；二是变现能力受到期限结构限制，当商业银行需要变现时，短期债券往往不能满足商业银行的流动性需求，而出售中长期债券会给商业银行带来较高的成本。

（二）其他分散化投资法

分散化投资法的核心是投资期限的分散，但地域、类型、发行者等方面的分散也是重要的方法。

（1）地域分散化是商业银行购买多个地区发行的债券，避免因某一地区经济条件恶化而遭受投资损失。

（2）类型分散化是商业银行在投资时选择政府债券、金融债券、公司债券等，在选择公司债券时还可以考虑选择不同的行业分散投资（如投资于农业、工业、交通运输业等），可以使商业银行避免由于某一类型债券下跌带来的投资损失。

（3）发行者分散化是商业银行投资的债券发行人不同，也不集中在某一类型的发行者（如仅投资国有大型企业、外资企业发行的债券）上，以此避免投资风险。

二、期限分离法

期限分离法是将全部资金投放在一种期限的证券上，如果银行投资的证券价格大幅上涨，会获得很高的收益；但如果该证券价格大幅下降，则银行会遭受巨大损失，因此，该方法风险较大。期限分离法有三种投资策略：短期投资策略、长期投资策略和杠铃投资策略。

（一）短期投资策略

短期投资策略是指商业银行面临高流动性需求或预测利率将上升时，将证券投资资金集中在短期证券上，而几乎不进行中长期证券投资。一方面，当商业银行需要资金时，可以迅速将短期投资证券在二级市场上转让，获得流动性，因此该投资策略具有良好的流动性；另一方面，由于该投资策略具有灵活性，商业银行能够根据市场变动，迅速灵活地调整投资策略，提高收益，避免损失。

（二）长期投资策略

长期投资策略是指商业银行在流动性需求较低或预测利率将下降时，将证券投资资金集中在长期证券上，而几乎不进行其他期限的证券投资。由于长期利率的变化并不频繁，银行投资的收益和损失并不会产生明显的波动，并且长期证券的票面收益率相对较高，因此该策略具有良好的收益性。但由于长期证券在二级市场上转让难度大或转让成本较高，因此缺乏流动性和灵活性。

（三）杠铃投资策略

杠铃投资策略是指商业银行证券投资资金主要集中投资于短期证券和长期证券，减少对中期证券的投资，这种投资方法资金分布呈现两头大、中间小的杠铃形状，因此被称为杠铃投资策略。这种投资策略既具有短期证券投资的流动性，又具有长期证券投资的收益性，实现长短相济、互补短长。商业银行可以根据流动性需求和对利率预测的情况来确定两种期限证券的持有比例。

杠铃投资策略的优点有：一是较好地控制利率风险，有效地弥补了短期投资策略和长期投资策略各自的不足。二是实现商业银行经营目标的协调统一，杠铃投资策略既投资于短期证券保持一定的流动性、安全性，又投资于长期证券获得一定的收益性。三是具有灵活性，商业银行可以根据市场利率的变动，对证券投资灵活调整。当商业银行预测市场利率下降时，可以出售短期证券，将资金投入长期证券，既可以避免利率下降给银行造成的损失，又可以获得较好的收入；当商业银行预测市场利率将上升时，可以先购入短期证券，在利率上升后，用短期证券变现所得的资金购买长期证券，或将流动性强的短期证券转让出去，投资到长期证券上，商业银行同样可以降低风险、增加收益。

杠铃投资策略的缺点有：由于该投资策略需要根据市场利率的变化灵活调整投资，因此需要时刻关注市场各类证券的利率变化，做出准确的预测，及时采取调整措施，这需要较多的人力、物力投入，对于资产规模较小的银行来说成本过高，而且一旦预测失误可能会蒙受重大损失，存在较大的风险。

三、灵活调整法

灵活调整法是一种依据市场变化而随机组合、灵活调整的投资方法。商业银行并不是按照分散化投资法或期限分离法固有的模式投资，而是根据金融市场上证券收益曲线的变化随时调整投资策略，当银行预测利率将下降时，将投资资金向长期证券上转移；当银行预期利率将上升时，则将资金向短期证券转移。

虽然灵活调整法与杠铃投资策略有相似之处，但实际上两种方法存在较大不同。杠铃投资策略中虽然投资资金也是随着收益率曲线的变化进行调整，但是调整过程中依然遵循杠铃两侧的资金保持一定比例的规则。而灵活调整法操作过程中主动性、灵活性更强，只要商业银行预测投资于某种期限的证券会更有利，则可以将全部投资资金调整到某类证券上，并不需要保持一定数量、比例的不同期限投资。

灵活调整法的优点有：商业银行使用灵活调整法进行证券投资是通过对各类证券收益曲线的分析，依据预测的利率变化随机调整投资，具有较强的主动性和灵活性，若预测准确，还有可能获得较高收益。

灵活调整法的缺点有：一是风险较大，由于灵活调整法获得良好收益的前提是对利率预测准确，一旦预测失误，会给商业银行带来巨大的损失；二是交易成本较高，由于该方法需要随时根据市场变动灵活地调整投资，在交易和转换过程中会产生较高的成本。

四、证券互换法

证券互换法是指当市场中出现暂时性的不均衡，带来不同证券相对的收益优势不同时，商业银行将持有的相对劣势的证券调换为相对优势的证券，可以获得无风险的收益。一般来说，调换的主要方法有价格调换、收益率调换、利率预期调换。

（一）价格调换

价格调换是指当市场上出现一种证券，与商业银行已持有的证券具有相同的票面收益率、期限、风险等级等，但市价比较低时，就出售已持有的证券，购买市价较低的证券，以赚取价差。

（二）收益率调换

收益率调换是指当市场上出现一种证券，与商业银行已持有的证券具有相同的期限、票面价值、风险等级等，但票面收益率比较高，就出售已持有的证券，购买票面收益率高的证券，以获得证券再投资的收益。

（三）利率预期调换

利率预期调换是指当市场利率发生变化时，对不同证券的影响是不同的，根据对利率走势的预测，将因利率变化对收益率产生不利影响的证券调换成产生有利影响的证券。

如在预期利率下降时，就要使证券组合的平均期限长期化；相反，在预期利率上升时，就要使证券组合的平均期限短期化。利率预期调换的关键是掌握调换时机，有两种方法：一是将年平均收益率折算成月平均收益率，如持有证券获得的收益率已超过月平均收益率，那就表明已获得高利率，再持有该证券可能收益会减少，因而可考虑调换成预期收益率较高的证券；二是将持有证券与计划买进的证券进行比较，如果持有证券最终收益率低于计划买进的证券，就调换为计划买进的证券。

拓展阅读资料

资产支持证券

一、定义

资产支持证券（asset-backed security，ABS）是一种债券性质的金融工具，其向投资者支付的本息来自基础资产池（pool of underlying assets）产生的现金流或剩余权益。与股票和一般债券不同，资产支持证券不是对某一经营实体的利益要求权，而是对基础资产池所产生的现金流和剩余权益的要求权，是一种以资产信用为支持的证券。

二、发展历史

资产支持证券是在西方国家融资证券化、直接化的金融大环境下应运而生的，最早出现在20世纪70年代的美国金融市场，随后被众多成熟市场经济国家接受和采用，近年来又在许多新兴市场国家得以推行，对提高资产流动性、分散信用风险、推动金融市场发展起到了积极作用。

资产支持证券最初采用的基础资产为住房抵押贷款，随着证券化技术的不断提高和金融市场的日益成熟，用于支持发行的基础资产类型也不断丰富，目前还包括汽车消费贷款、信用卡应收款、学生贷款、住房权益贷款、设备租赁费、厂房抵押贷款、贸易应收款等。

三、发行交易

资产支持证券的发行过程通常如下：首先由基础资产的发起人，包括商业银行、储蓄贷款公司、抵押贷款公司、信用卡服务商、汽车金融公司、消费金融公司等，将贷款或应收款等资产出售给其附属的或第三方特殊目的载体，实现有关资产信用与发起人信用的破产隔离（bankruptcy remoteness），然后由第三方特殊目的载体将资产打包、评估分层、信用增级、信用评级，然后向投资者公募或私募发行，产品类型包括简单的过手证券和复杂的结构证券，如抵押支持债券、抵押担保债券等。

资产支持证券的投资者主要是银行、保险公司、货币市场基金、共同基金、养老基金和对冲基金等。由于大多数资产支持证券的存续期限、偿付结构、信用增级手段等各不相同，其交易大都在场外交易市场进行，主要通过电话双边报价、协议成交，因此除标准化程度较高的抵押支持债券外，其他类型的资产支持证券一般流动性不足、价格透明度不高。

本章测试

思考题：

1. 商业银行证券投资的含义是什么？
2. 商业银行证券投资的对象有哪些？
3. 简述商业银行证券投资的目标。
4. 商业银行证券投资可能面对的风险有哪些？

实操题目：

1. 调研一家商业银行证券投资情况，并分析其采用的投资策略及其优缺点。
2. 完成本章情境引入中的问题。

第七章
商业银行电子银行业务

本章学习目标

掌握商业银行电子银行业务的概念、特点。

能够按照流程办理商业银行网上银行业务。

了解商业银行网上银行的主要业务及其服务功能。

掌握手机银行的概念。

了解商业银行手机银行的特点和主要功能。

能够按照流程办理商业银行手机银行业务。

了解网络支付的主要业务。

了解网络支付的业务办理流程。

本章知识思维导图

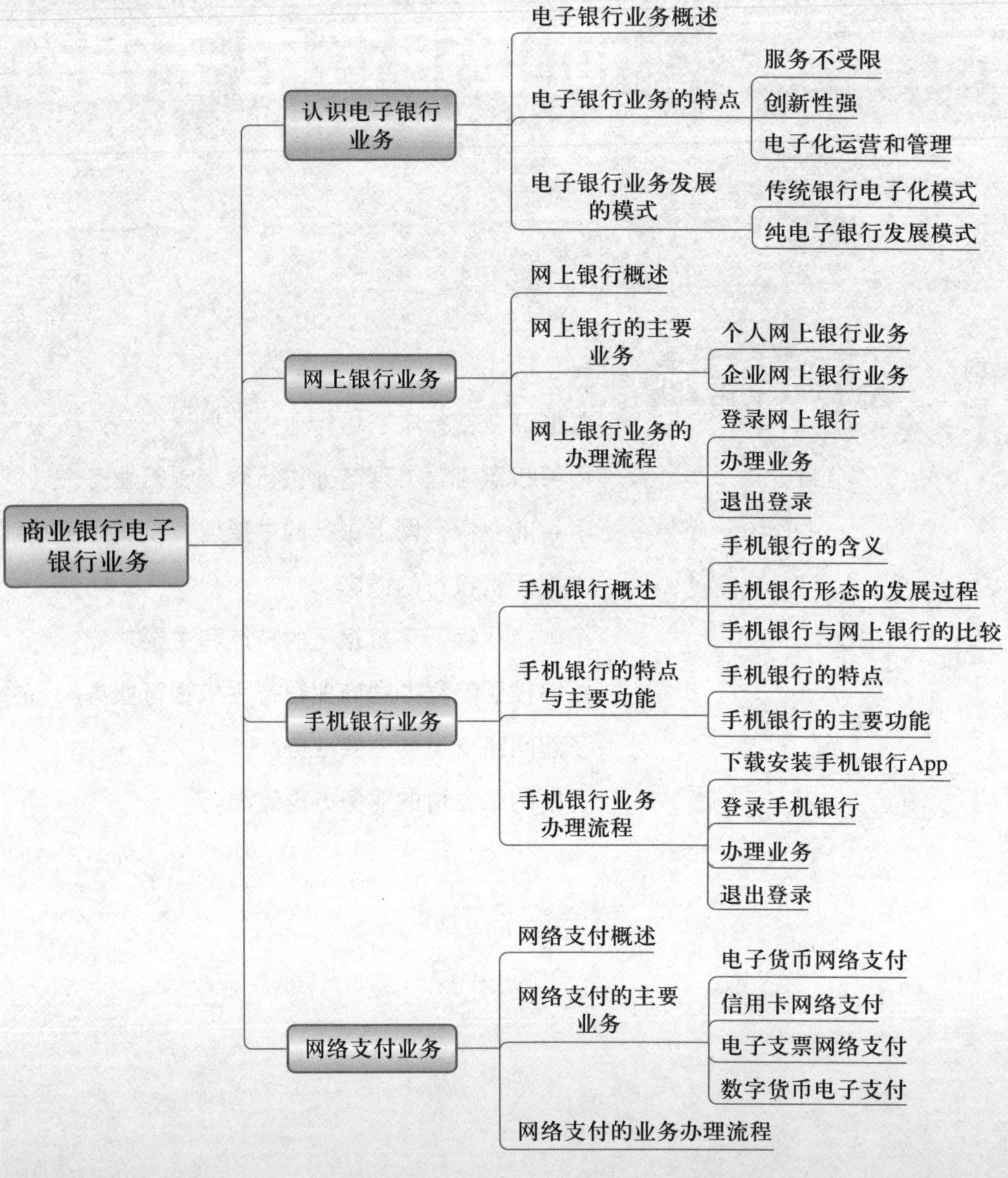

本章关键术语

电子银行业务　传统银行电子化　纯电子银行　网上银行　手机银行　网络支付　电子货币　电子支票　数字人民币

本章情境引入

情境引入微视频

在商业银行的营业大堂中，一位老年客户正在咨询手机银行业务的使用："你好，我想用手机交水费，怎么操作啊？"

假设你是大堂经理，请认真学习本章内容，在学习后按照手机银行业务的办理流程，引导客户使用手机银行办理需要的业务。

第一节

认识电子银行业务

一、电子银行业务概述

（一）电子银行业务的概念

电子银行是指商业银行通过网络和电子终端为客户提供自助金融服务的虚拟银行。电子银行业务是商业银行利用面向社会公众开放的通信通道或开放性公众网络，以及银行为特定自助服务设施或客户建立的专用网络，向客户提供的银行服务。

电子银行业务主要包括网上银行、手机银行、网络支付、电话银行等，由客户通过自助服务方式完成金融交易。

（二）电子银行业务的发展阶段

第一阶段：后台处理电子化。20 世纪 50 年代开始，商业银行开始运用计算机处理柜台业务，但由于当时计算机的处理能力有限，在银行业务中更多的是扮演计算机的角色，主要的作用是提高商业银行业务操作效率，降低经营成本。

第二阶段：前台处理电子化。20 世纪 60 年代，商业银行开始运用计算机处理前台业务，商业银行通过以主机处理为中心的终端连接方式，可实现在终端上输入客户交易信息，由主机响应并进行处理的工作模式，仅仅是提高了前台的工作效率，并未优化工作流程。

第三阶段：业务网络化。20 世纪 80 年代，商业银行开始运用网络技术进行业务处理，业务网络化不仅优化了内部联网，而且将网络延伸到商业银行客户的服务，推广 ATM 机、POS 机、电话银行等，网络技术在商业银行经营管理中的大范围使用，使网络的低成本降低了商业银行的经营成本，也为商业银行开发新的金融产品提供各种可能。

第四阶段：网上银行阶段。20 世纪 90 年代以后，商业银行开始应用信息技术优化业务流程。1995年10月8日，世界上第一家网络银行——美国安全第一网络银行开业，标志着银行服务从传统银行到网上银行的重大转变。

（三）电子银行业务对商业银行的影响

电子银行的发展对于传统银行业提出了严峻的挑战，但是也给银行带来了积极的影响。

1. 降低成本、提高效率。

电子银行业务的开展减少了对于物理网点和从业人员的需求，实现了无纸化办公，这大大降低了商业银行的经营成本。而网络技术的发展使商业银行业务操作的效率得到了极大的提高，并且业务完成准确、清晰、质量高。

2. 优化客户服务质量。

电子银行业务的办理大大缩短了客户办理业务的等待时间，而且客户可以选择任何时间、任何地点、任何方式获得银行的服务。同时，电子银行业务的开展也可以避免由于银行服务人员的个体差异、业务水平不同所带来的服务差异，使商业银行的服务更加标准化、规范化。

3. 提高经营管理水平。

商业银行电子银行业务能够开展7×24小时的服务，商业银行可以随时为客户解决问题、提供服务。商业银行的业务开展更加透明、与客户及银行内部之间的协作性更好；而且网络化的运营模式能够使商业银行信息共享，便于管理层及时、准确地掌握业务发展情况、客户情况、风险水平等，为商业银行制定科学的决策提供切实的依据，从而提高了商业银行的经营管理水平。

二、电子银行业务的特点

（一）服务不受限

由于电子银行业务的开展是电子化、网络化的，在时间、地点、方式上都不受限制。在时间上，不受到传统银行固定的工作时间限制，可以在任何时间，全天候连续为客户提供服务；在地点上，基于互联网的全球化特征，为客户提供服务不受到空间的限制；在方式上，客户可以通过各类终端接受商业银行的金融服务。

（二）创新性强

电子银行业务的开展基于技术的发展，因此，随着信息技术、互联网技术的发展，商业银行的金融产品、业务流程、服务方式等都有无限创新的可能。

（三）电子化运营和管理

商业银行业务的开展会逐渐全方位地电子化，如票证的电子化、签名的数字化。银行的管理逐步从地理性扩张的粗放型经营转变为依靠科技和网络扩张的集约型经营。

三、电子银行业务发展的模式

电子银行业务发展的模式归纳起来分为两种类型：一种是传统银行电子化模式，另外一种是纯电子银行发展模式。

（一）传统银行电子化模式

传统银行电子化是指商业银行在现有业务上运用信息技术和设施为客户提供电子金融服务，把传统的业务搬到电子银行上办理。

商业银行把传统业务电子化主要有两种方式：一种是通过收购兼并的方式收购已有的电子银行业务。这种方式的优势是商业银行投资少、收效快，能够利用收购的电子银行已有的技术设备获得已有的市场份额，迅速进入该业务领域；劣势是收购双方需要时间磨合逐渐产生良好的效益。这种方式适合分支机构少、市场份额低的银行。另一种是利用自身资源发展电子银行业务。这种方式的优势是商业银行可以利用自身原有的客户资源，转入新的电子银行业务，再逐渐扩展新市场，有效地拓宽市场渠道；劣势是开发业务、投入技术等需要一个较长的时间，耗时较长，收效慢。这种方式适合占有稳定市场份额的传统银行。

（二）纯电子银行发展模式

纯电子银行是指不依托物理营业网点和柜台服务，而是采用互联网上的终端为客户提供金融服务，也称为虚拟银行。这一模式的典型代表是美国第一安全网络银行，客户只需要通过互联网填写开户申请书，提交基本信息给虚拟银行，银行审核通过后即可为客户提供需要的金融服务。

这一模式的优势有：① 经营成本低。由于虚拟银行不需要物理网点，只需要较少的人工，因此减少了场所租金和人力资源成本。② 客户群体大。

由于虚拟银行的业务服务不受时间、地域和方式的限制，因此银行的服务对象宽泛，只要是互联网用户都有可能成为纯电子银行的潜在客户。③ 有利于打开国际市场。由于互联网没有地域限制，虚拟银行的业务可以延伸到国外，逐渐建立自己的海外市场。

第二节 网上银行业务

一、网上银行概述

网上银行是指商业银行借助互联网作为传输渠道，为客户提供金融服务的方式。它的概念包含两个层次：一是金融机构，即网上银行指的是通过互联网办理业务的银行机构。二是业务类型，即银行通过互联网提供的一种金融服务。一般所说的网上银行通常指的是业务类型，既包含将传统银行金融产品转移到互联网上，更是依托信息技术开发的全新业务类型。

为了更好地理解网上银行，需要将其与传统银行进行比较。网上银行是以传统银行业务为基础的，利用互联网技术的发展对传统银行业务进行超越。

首先，传统银行业务是网上银行业务的基础。一方面，网上银行的业务遵循与传统业务相同的原理，产品和服务都是以传统业务为基础。另一方面，客户使用网上银行前需要在商业银行开户，是开展网上银行的基础。

其次，网上银行是传统银行业务的延伸。网上银行业务不是简单地将传统业务搬到互联网上操作，而是对传统业务进行了地域上的扩展，不再仅限于柜台上的办理，而是在有互联网的终端上办理业务；也对传统业务进行了时间上的扩展，不仅限于商业银行的工作时间，而是在任何时间都可以接受商业银行提供的服务；在业务类型上也进行了扩展，在网上银行提供的服务不仅限于传统业务，还增加了金融信息（利率、汇率、经济新闻等）、投资理财服务等，对传统银行业务进行了无限的延伸。

最后，网上银行优化了传统银行的经营模式。依托互联网庞大的客户群体、大量的数据基础，商业银行在产品营销方面从以产品为导向转变为以客户需求为导向；另外，利用互联网上用户信息和用户互动，可以针对客户的需求创新性地设计出符合客户需求的产品，满足客户个性化的金融需求。

二、网上银行的主要业务

按照服务对象，网上银行分为个人网上银行业务和企业网上银行业务。

（一）个人网上银行业务

个人网上银行业务的服务对象是居民个人，主要针对居民个人的金融服务需求提供服务。各家商业银行提供的服务各有不同，但基本可以划分为几个大类，分别是账户管理、转账服务、电子支付、缴费支付、信用卡服务、个人贷款、投资理财等。可以通过中国银行个人网上银行主要业务了解商业银行个人网上银行业务情况，见表 7.1。

表 7.1　中国银行个人网上银行主要业务一览

业务类型	服务名称	服务简述
查询服务	电子现金服务	通过中国银行网上银行，可对个人电子现金账户进行自助关联、绑定、查询详情、查询交易明细以及充值等操作
	账户查询	账户概览；资产汇总报告；交易明细；账户详情；申请定期 / 活期账户；查看旧账号；智慧主办账户
	服务记录查询	可以查询到在中国银行网上银行进行的各类业务记录，包括设置类交易、转账汇款、定期存款、预约指令、自助缴费、信用卡交易、外汇交易、黄金交易、基金交易、中银理财等
转账服务	跨行资金归集	可通过此功能对已签约超级网银的他行账户进行资金归集设置
	银行本票 / 汇票申请	通过中国银行网上银行可提交申请书，申请成功后，客户凭申请确认码至网点柜台，可直接办理银行本票 / 银行汇票相关业务。同时，客户还可通过网上银行查询已提交的申请书详情
	转账管理	中国银行个人网上银行提供本人关联账户之间的转账、中国银行内向他人转账、跨行转账；提供主动收款服务，方便及时催收款项
	定期存款	新增定期存款；支取定期存款；定期存款续存；预约服务
	通知存款	新增通知存款；支取通知存款；通知管理
	转账记录	通过中国银行网上银行转账汇款后，可以在转账记录中查询交易记录
	预约管理	可以通过预约管理对在中国银行个人网上银行进行的转账汇款和定期存款的预约指令进行管理

续表

业务类型	服务名称	服务简述
民生缴费	预付卡充值	预付卡余额查询；预付卡充值；充值结果查询
	银医通服务	中国银行网银为个人客户提供医院在线可办理医院签约、挂号、查询、退号等业务
	自助缴费	缴纳通信费、水费、电费等多种日常费用；查询一年内的缴费记录；保存常用缴费项目
投资理财	银商转账	签约管理；入金；出金；出入金交易记录查询；交易所资金账户余额查询
	保险查询	个人客户可通过中国银行网银查询在售保险产品、在线投保、缴纳保费，还可查询已持有的保单和历史交易记录，并对满足条件的保单进行续保、撤保、退保
	中银理财计划	可使用中国银行网上银行服务在线登记交易账户，购买、赎回中国银行销售的理财产品，查询交易状况
	黄金交易	可通过中国银行个人网上银行理财版进行黄金买卖，并可进行黄金账户设定、交易信息查询等操作
	外汇交易	通过中国银行个人网上银行，可以开展外汇交易账户设定、外汇买卖、外汇交易账户信息查询、汇率查询、汇率定制和外汇交易状况查询等外汇交易及辅助功能的操作
	基金交易	可通过中国银行网上银行在线办理开放式基金交易账户开户、基金认购、申购、赎回、定投、转换、基金分红方式变更、全天候基金信息及交易查询等业务
小额结售汇		可通过中国银行网上银行将外币兑换成人民币或使用人民币进行购汇交易，并可查询通过网上银行提交的结售汇交易详情以及结售汇额度
信用卡	信用卡申请	可登录中国银行网上银行在线申请信用卡，还可查询信用卡申请进度
	虚拟银行卡服务	可以通过中国银行个人网上银行在线申请虚拟银行卡，进行虚拟银行卡功能设置，查询虚拟银行卡账单等。
	信用卡查询	可以通过中国银行网上银行查询关联在网上银行账户中的人民币信用卡及中银系列信用卡的相关信息，实时掌握账户资金变化信息
	信用卡分期付款	支持查询信用卡全部分期交易明细，对账单分期、消费分期支持提前结清

续表

业务类型	服务名称	服务简述
信用卡	信用卡转账还款	可以随时进行从长城电子借记卡或长城人民币信用卡账户向中国银行系列信用卡或长城人民币信用卡的转账还款，同时为使用中国银行系列双币信用卡的客户提供购汇还款服务
贷款管理	个人循环贷款	在柜台申请开立个人循环贷款额度后，可通过网上银行方便地进行用款和还款
	贷款提前还款测算	通过此功能进行贷款的提前还款测算
	贷款查询	历史还款查询；逾期信息查询：查询贷款账户的逾期未还信息；剩余还款查询
电子支付	网上分期支付	在网上商城购物时，选择分期支付，提交订单后，可以通过中国银行网上银行完成首付部分金额的支付，然后按照指定的期数对信用卡账户进行分期扣款
	中银快付	中银快付是中国银行推出的一种方便快捷的支付方式。客户在网上交易过程中只需输入银行卡号、手机号后 4 位及手机交易码即可完成支付
	协议支付	协议支付签约；订单支付；在线查询协议支付记录；在线查询签约关系
	理财直付	开通 / 取消理财直付；设置理财直付账户；在线查询理财直付记录；定制免费短信提醒；设置交易限额
	网上支付	自助开通 / 取消网上支付功能；设置网上支付账户；在线查询支付记录；定制免费短信提醒；设置交易限额

常见个人网上银行的主要功能和服务如下。

1. 账户管理

账户管理指对客户注册到网上银行的各类银行卡和账户进行添加、注销、信息修改、信息维护等操作的管理功能组，主要包括调整账户属性、账户别名维护、添加注册卡及账户、下挂卡（账户）转注册卡（账户）、删除注册卡及注册账户、财富卡管理业务。

2. 转账服务

转账服务指客户在网上银行多账户之间进行转账汇款。转账对象可以是本行客户、跨行客户、境外客户。转账服务主要包括本行转账、跨行转账、预约转账、批量转账、外汇汇款、结果查询等。

3. 电子支付

电子支付指客户在网上购物、购买理财产品等，在提交订单后，可以通过网上银行进行支付，主要包括网上支付、理财直付、网上分期付款、协议支付等。

4. 缴费支付

缴费支付指客户可以在网上银行为本人或他人缴纳手机费、水电燃气费、交通罚款、学校学杂费、上网 / 电视费、党团工会费、税费等各种费用的功能，主要包括批量缴纳、预约缴纳等。

5. 信用卡服务

信用卡服务是商业银行通过个人网上银行为客户提供的信用卡的办卡、换卡申请，透支还款，信用卡资料查询、修改等相关服务的总称，主要包括信用卡查询、信用卡开卡、信用卡还款、信用卡挂失等。

6. 个人贷款

个人贷款指商业银行通过网上银行为客户提供个人贷款的查询、还款等服务，主要包括贷款账户查询、还款明细查询、还款计划、在线还款等。

7. 投资理财

投资理财指商业银行在网上银行为客户提供丰富的理财产品进行选购，并通过信息技术和大数据为客户提供个性化的理财服务，主要包括：银行理财产品购买、赎回，保险产品的投保、缴费、查询保单，基金认购、申购、赎回、转换，外汇即时买卖、委托买卖、小额结售汇，贵金属现货实盘、延期交收，证券第三方存款业务、银证开户预约等。

（二）企业网上银行业务

企业网上银行业务的服务对象是企业，主要针对企业的金融服务需求提供服务。企业网上银行业务主要分为账户管理、结算服务、信贷业务、投资理财、电子商务、集团业务等。可以通过中国银行企业网上银行主要业务了解商业银行企业网上银行业务情况，见表 7.2。

表 7.2　中国银行企业网上银行主要业务一览

业务类型	服务名称	服务简述
账户管理	超级管理员	客户可通过超级管理员功能进行综合信息查询、操作记录查询、操作员信息设置、授权流程设置、交易限额设置、单位标识设置、单位电子邮件地址修改等

续表

业务类型	服务名称	服务简述
账户管理	境外他行账户查询	客户通过使用境外他行账户查询产品，可对开立在境外其他银行的账户交易、对账单信息进行查询
	银企对账	为企业客户提供其开立在中国银行的本、外币账户的明细对账单、余额对账单下载、查询及对账结果反馈的功能
	账户管理	提供账户查询、定期账户、对账服务、境内他行账户查询、境外他行账户查询、他行查询签约、他行扣款签约等功能
转账汇款	转账汇划	为客户提供安全、稳定、方便、快捷的资金汇划和支付结算服务
	定向账户支付	企业可严格限定收款人范围，提升资金汇划的安全性
	境内外币汇划	可把外汇账户中资金汇到指定收款人在境内银行开立的账户上
	对私转账汇款	可向个人账户进行单笔实时转账
	期货入金	协助客户将期货保证金在期货交易所与期货公司之间互划
代收代付	实时纳税	客户可通过该功能进行纳税申请、授权、操作记录查询等，在线纳税
	快捷代收	可协助企业实现主动从个人账户向企业账户扣划资金的操作，资金扣收范围包括个人结算账户及同业他行账户。如为学校代收学生的学费、为保险公司代收被保险人的保费、为电信公司代收电信用户的通信费等
	代发工资	实现企业客户在线完成工资代发、其他款项代发等操作
汇票服务		提供全流程的电子汇票服务，包括出票、承兑、收票、转让背书、贴现、转贴现、再贴现，并在线进行纸质银行承兑汇票的出票申请以及查询出票的处理状态
跨行现金管理		为企业客户提供跨行实时汇划、境内他行账户查询、他行扣款签约、他行查询签约、跨行实时收款等服务
贷款服务	中小企业贷款	客户通过中小企业贷款服务，可实现中小企业客户对新模式贷款业务的在线提款和提前还款操作
	贷款账户查询	客户通过贷款账户查询服务，可进行贷款账户查询、历史还款信息查询、逾期未还款信息查询、剩余还款信息查询

续表

业务类型	服务名称	服务简述
国际结算	影像资料上传	客户可通过“影像资料上传”功能对“跨境汇款、境内外币汇划、外币结汇、汇入汇款性质确认与申报”交易上传电子影像资料，代替到柜台递交纸质材料
	加工贸易保证金台账	企业可通过中国银行网上银行渠道，获得查询和缴纳加工贸易保证金服务
	汇入汇款性质确认与申报	企业可通过中国银行网上银行渠道，对通过 SWIFT 系统（环球银行金融电信协会清算系统）汇入中国银行的汇款进行款项性质确认及申报
	单证服务	主要用于实现国际结算及贸易融资业务的网上申请和查询服务功能
	外币结汇	企业可提交外币结汇申请书，经柜员人工审核相关单据后进行联网核查结汇额度、会计入账等业务处理
	跨境汇款	企业可单笔或批量提交跨境汇款申请，由柜员人工审核相关单据并进行汇款发报等业务处理
投资理财	理财产品	通过在线提供“理财账户签约”“产品查询与购买”“持仓查询及赎回”“产品协议查询与修改”“授权”“查询”“撤单”等功能操作，为客户提供在线理财账户的签约、解约、理财产品的购买、赎回、分红方式修改等服务
	银商转账	银商转账服务是中国银行面向大宗商品交易市场、产股权交易所及其客户提供的，包括出入金、查询的资金清算服务
	定期存款 / 通知存款	通过完善的网银安全机制，实现定期 / 通知存款的开立及支取等全流程服务，加快企业资金清算，为企业提供便捷的理财渠道，帮助企业提高财务管理效率
电子商务	B2B 协议支付	该服务可支持国际贸易进出口交易中海运费等费用支付，支付币种支持人民币、外币
	B2C 商户服务	为商户提供订单查询、批量退货以及业务对账文件、清算对账文件和退货反馈文件的查询及下载等多种功能
	B2B 直付	为进行 B2B 电子商务交易的企业双方提供在线支付、资金结算、订单查询、交易对账、订单退货等功能
	B2B 保付	为进行 B2B 电子商务交易的企业双方提供在线支付、资金结算、订单查询、订单实付、交易对账等功能
	报关即时通	用于进出口企业缴纳海关税费的网上支付服务

续表

业务类型	服务名称	服务简述
现金管理	现金池信息查询	为集团企业客户提供现金池信息查询，如现金池成员结构查询、现金池账户结构查询服务
	内部计价	为集团企业客户协助企业核算集团内部资金成本管理
	内部往来管理	为集团企业客户协助企业核算集团内部各公司间的资金贡献度，帮助集团总部代理分公司 / 子公司内部往来资金贡献度与成本信息自动计算、查询、下载等
	主动调拨	通过“主动调拨”功能协助企业实现集团内总公司与分公司 / 子公司账户间的资金调拨
	跨境集团服务	向境内外分行开立账户、有财务集中管理需求的跨境集团客户提供账户查询、转账汇款、自动汇划、主动调拨、内部往来管理服务
资产托管		为客户提供网上银行渠道发起托管指令的服务
养老金		满足企业在线进行养老金相关信息查询及业务申报等需求

常见企业网上银行主要功能和服务如下。

1. 账户管理

账户管理指通过网上银行企业可获得账户信息查询、下载、维护、账户余额、明细对账等一系列账户服务，主要包括网上对账、电子回单、企业年金查询等。

2. 结算服务

结算服务指商业银行通过网上银行为客户提供资金转移满足企业客户收付需求的服务，主要包括存款服务、收款服务、汇款服务、税务服务、票据服务、在线缴费、住房公积金业务等。

3. 信贷业务

信贷业务指商业银行为网上银行企业客户提供贷款业务、信用证业务等相关服务，主要包括：网上还款、贷款业务查询、国际结算业务、国内信用证、供应链金融等。

4. 投资理财

投资理财指商业银行为企业网上银行客户提供各类理财产品进行选购，帮助企业实现资产保值增值，主要包括国债服务、理财服务、基金服务、贵金属业务、外汇业务、证券服务、期货服务等。

5. 电子商务

电子商务指商业银行为企业网上银行客户提供电子商务需要的金融服务，主要包括在线支付、信用支付、在线收单等。

6. 集团业务

集团业务指商业银行为集团企业总公司和分公司之间提供的金融服务，主要包括内部往来、资金调拨、跨境集团服务等。

三、网上银行业务办理流程

商业银行在各自的官方网站上会设置网上银行的登录入口，进而使用商业银行的各项业务服务。网上银行的一般业务办理流程如下：

（一）登录网上银行

进入网上银行登录入口，根据提示输入相关信息，进入服务界面。部分银行根据客户业务需求不同，将客户分为普通客户和高级客户，为客户开设了不同的业务权限。由于客户在登录时需要输入信息会有所不同，因此客户要根据自己所属类型选择对应的登录入口。

（二）办理业务

客户登录进入网上银行后，可以根据界面上的信息选择自己需要的业务进行办理，通常在银行的官网上都会对网上银行业务的操作流程进行指导，有文字说明、图表流程、在线操作演示、在线服务指导等方式，可以引导客户自助完成业务办理。中国银行网上银行柜台记账式债券业务指导如图 7.1 所示。

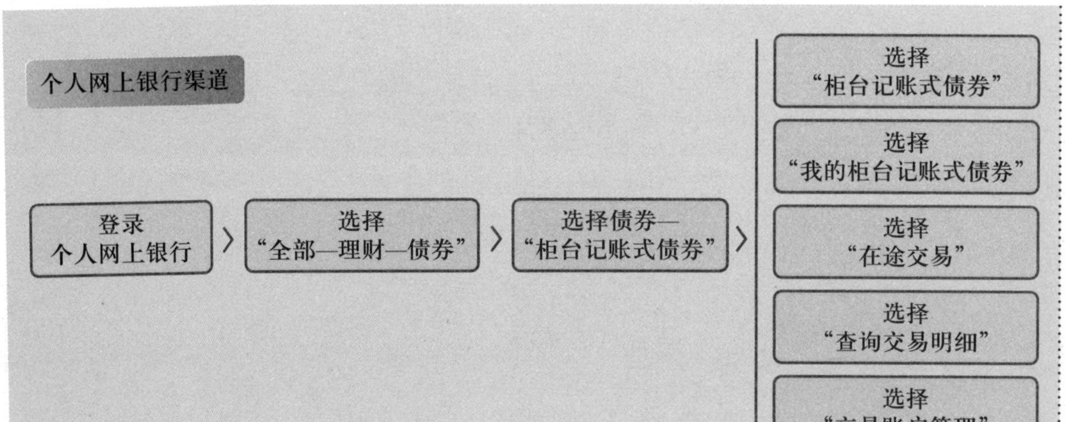

图 7.1 中国银行网上银行柜台记账式债券业务指导

（三）退出登录

为确保网上银行的使用安全，在业务办理完成后，指导客户务必按照页面信息进行网上银行的退出。

第三节

手机银行业务

一、手机银行概述

（一）手机银行的含义

手机银行是指银行以智能移动终端为载体，借助互联网技术，使客户可以通过移动终端操作自己的银行账户，买卖金融产品或享受金融服务的渠道模式。手机银行、手机支付为客户随时随地以各种方式提供各种服务，已获得越来越多的客户支持。

（二）手机银行形态的发展过程

随着时代的变化与发展，手机银行的形态发生了很大的变化，功能越来越完善，客户的接受度越来越高，服务体验感越来越强。

1. 短信银行

短信银行主要是指客户利用移动通信设备将具体的指令发送出去，银行按照接收到的客户要求开展对应的业务处理工作，其服务范围包括银行账户查询、银行转账汇款，以及交易记录查询等，但是短信银行在实际操作过程中比较复杂，功能也比较单一，所以客户的整体满意度并不高。

2. WAP 手机银行

在实际应用过程中，WAP（无线应用协议）手机银行需要借助两个方面的支持：一个来自移动通信网络，另外一个来自无线应用协议技术，利用手机登录到银行的专属网站上，按照指示登录自己的银行账户，而后进行业务办理。WAP 手机银行本质上是在手机上登录网上银行，只是将使用工具从电脑转变成手机，大大提高了应用性能。

3. 手机银行 App

随着智能手机的普及，各个行业都在积极开发和完善智能手机相关的操作系统。手机银行 App 的开通程序比较简单，功能比较齐全，安全性比较高，获得了更多的客户支持。

（三）手机银行与网上银行的比较

手机银行是网上银行的延伸，也是继网上银行之后利用互联网技术的发展开发出的业务模式，通过手机银行，商业银行可以为客户提供便捷的金融服务。

一方面，网上银行和手机银行都是面向广大客户提供服务的渠道，只是一个通过互联网实现，一个通过手机 WAP 网实现。为保持客户体验的一致性、减少客户的适应过程，两者的功能设置、服务流程尽量保持统一，并且两者共享欢迎信息、常用收款人、关联账户和电子支付账户。

另一方面，由于网络与手机渠道特性的不同，手机银行在设计上与网上银行相比，更加充分考虑了手机界面、操作习惯和手机网络本身的特点，为客户提供人性化设计与更好的使用体验。

二、手机银行的特点与主要功能

（一）手机银行的特点

手机银行有贴身“电子钱包”的称号，一方面延长了商业银行的服务时间，扩大了银行的服务范围；另一方面无形地增加了许多银行网点，真正实现了全天 24 小时服务，大力拓展了银行的中间业务。手机银行的特点如下。

1. 操作便捷化

随着智能手机和互联网技术的发展，手机在我国的高普及率，使商业银行推出的手机银行 App 很容易就获得了大量的用户，而大量的互联网用户对于应用程序操作已经非常熟悉，同时商业银行推出的手机银行 App 为了更好地服务客户，设计了清晰的操作界面和简洁的操作流程，能够让客户在使用时快速上手。

2. 业务扩大化

手机银行的服务是通过 WAP 网站的支付服务，能够实现一点接入、多家支付，使商业银行能够为客户提供更多的服务，也使商业银行在开创新业务上有了更大的可能性。

3. 服务个性化

数据挖掘技术为银行服务定制与增值提供了可能。在客户分析、客户分层方面提供了技术条件。在此基础上，银行可以最大限度地了解客户的需求，并对客户进行了精准营销，为客户提供定制化服务，提升了客户服务的增值性。

4. 风险可控化

传统银行对客户的评价主要依赖于历史数据。在手机银行服务中，银行不仅通过互联网上的手机掌控客户的巨量信息，同时可以实时监控客户的交易过程，从而使风险控制从时点控制向过程控制和实施控制转变。

（二）手机银行的主要功能

当前几乎各家银行都推出了手机银行服务，除满足商业银行传统业务的移动端操作外，在服务内容上各有特色，但手机银行的服务功能主要集中在以下几个方面。

（1）账户管理：服务功能具体有账户信息、临时挂失、虚拟银行卡服务、电子现金服务等。

（2）转账汇款：服务功能具体有活期转账、定期存款、通知存款、主动收款、收款人管理、预约转账、交易限额管理、跨行资金归集等。

（3）投资理财：服务功能具体有外汇、贵金属、基金、保险、国债、第三方存款、银企转账、理财计划等。

（4）信用卡：服务功能具体有信用卡查询、信用卡转账还款、信用卡分期付款、信用卡附属卡管理、信用卡功能设定、虚拟银行卡等。

（5）账单缴费：服务功能具体有缴纳日常费用、查询缴费记录、预付卡充值等。

（6）电子支付：服务功能具体有自助开通 / 取消支付功能、设置支付账户、查询支付记录、设置交易限额等。

（7）贷款管理：服务功能具体有历史还款查询、逾期信息查询、剩余还款查询、提前还款测算等。

（8）手机取款：服务功能具体有汇往取款人、汇出查询、代理点取款、取款查询等。

三、手机银行业务办理流程

（一）下载安装手机银行 App

下载并安装账户所在银行手机银行客户端软件。

（二）登录手机银行

启动客户端，单击需使用的功能图标后，输入注册手机银行的手机号码、密码即可登录手机银行。当用户名或密码输入有误时，系统会提示核对后再次输入。为保证账户安全，再次输入时，除用户名及密码外，还需填入图形验证码。

（三）办理业务

客户登录进入手机银行后，可以根据手机银行 App 的信息选择自己需要的业务进行办理，通常在银行的官网上都会对手机银行业务的操作流程进行指导，有文字说明、图表流程、在线操作演示、在线服务指导等方式，可以引导客户自助完成业务办理。

（四）退出登录

为确保手机银行的使用安全，在每次使用手机银行办理完成业务后，请单击“退出登录”按钮安全退出。

第四节

网络支付业务

一、网络支付概述

（一）网络支付的含义

网络支付是指电子交易的当事人，包括消费者、企业和金融机构，使用安全电子支付手段，通过网络进行的货币支付或资金流转。网络支付主要包括电子货币类支付、电子信用卡类支付、电子支票类支付。

（二）网络支付的特征

（1）支付方式数字化。网络支付采用先进技术，通过数字流转来完成信息传输，其各种款项的支付都是采用数字化的方式进行的。

（2）系统平台开放化。网络支付的工作环境是基于一个互联网，作为一个开放的系统平台。

（3）通信手段先进化。网络支付使用的是最先进的通信手段，如互联网、外部网络系统；对于软件、硬件设施的要求都比较高。

（4）服务效率高效化。网络支付具有方便、快捷、高效的优势。用户只要拥有一部能上网的手机，便可足不出户、在很短的时间完成整个支付过程。网络支付可以完全突破时间和空间的限制，实现 7 × 24 小时服务的高效率工作模式。

二、网络支付的主要业务

（一）电子货币网络支付

电子货币是指用一定金额的现金或存款从发行者处兑换并获得代表相同金额的数据，通过使用某些电子化方法将该数据直接转移给支付对象，从而清偿债务。电子货币没有物理形态，为持有者的金融信用。随着互联网的发展，这种支付方式愈加流行。

（二）信用卡网络支付

信用卡是一种非现金交易付款的方式，是简单的信贷服务，由银行依照用户的信用额度发给持卡人，持卡人持信用卡消费时无须支付现金，结账日还款即可。

（三）电子支票网络支付

电子支票也称为数字支票，是将传统的纸质支票的全部内容电子化后形成的电子版。借助开放式网络和金融专用网络，电子支票能在买卖双方之间、银行与客户之间以及银行与银行之间传递，实现资金支付与结算。

（四）数字货币电子支付

数字货币电子支付指使用数字人民币支付，数字人民币是由中国人民银行发行的数字形式的法定货币，由指定运营机构参与运营并向公众兑换，以广义账户体系为基础，与纸钞、硬币等价。

三、网络支付业务办理流程

（1）客户接入互联网，通过浏览器在网上浏览商品、选择货物，填写网络订单，选择应用的网络支付结算工具，如银行卡、电子钱包、电子现金、电子支票或网络银行账号等，并且得到银行的授权。

（2）客户机对相关订单信息，如支付信息进行加密，在网上提交订单。

（3）商家服务器对客户的订购信息进行检查、确认，并把相关、经过加密的客户支付信息转发给支付网关，指导银行专用网络的银行后台业务服务器确认，以便从银行等电子货币发行机构验证得到支付资金的授权。

（4）银行验证确认后，通过此前建立起来的经由支付网关的加密通信通道，给商家服务器回送确认及支付结算信息，为确保安全，银行给客户回送支付授权请求。

（5）银行得到客户传来的进一步授权结算信息后，把资金从客户账号转拨至开展电子商务的商家银行账号，借助金融专用网络进行结算，并分别给商家、客户发送支付结算成功的信息。

（6）商家服务器收到银行发来的结算成功的信息后，给客户发送网络付款成功信息和发货通知。至此，一次典型的网络支付结算流程结束。商家和客户可以分别借助网络查询自己的资金余额信息，以进一步核对。

以上的网络支付流程只是对目前各种网络支付结算方式的普遍归纳，并非表示各种网络支付方式的应用流程完全相同。

拓展阅读资料

股份制银行勇于数字化转型

移动互联网时代，手机银行早已成为银行服务客户的核心渠道之一，且扮演着越来越重要的角色。随着银行数字化转型的不断深入，手机银行承载的功能也日益多样，从零售金融到财富管理再到非金融场景，服务边界不断扩展。在业务拓展、场景优化、用户体验等需求的驱动下，手机银行升级节奏显著加快。数据显示，2022 年，70 多家银行的手机银行 App 版本迭代次数合计达到 655 次，其中 36 家银行发布大版本更新。

《手机银行数字竞争力排行榜 TOP100》（2023 年第 1 期）显示，2022 年以来，手机银行 App 整体月活继续保持增长，榜单中超过 80% 的平台同比表现为正增长。随着 App 版本迭代的次数和精细度的提升，部分手机银行 App 的使用体验也上了一个档次。

TOP10 中有 4 席为股份制商业银行，TOP30 中有 5 席为股份制商业银行。

远程化、纯线上的金融服务模式已成为商业银行的经营常态，因此 App 的每一次迭代、开发、关停等，均会带来较大影响。近年来，不少银行进行渠道调整，比如有银行调整直销银行业务，关停相关网站，将用户导流到手机银行端。此外，还有一些银行先后宣布收缩 App 数量，将功能合并，做强手机银行一站式服务等。

2023 年 3 月底，中国互联网金融协会发布的《移动金融客户端应用软件注销备案公告》（2023 年第 1 期，总第 7 期）显示，金融机构旗下 31 款客户端软件因停止服务主动申请注销备案。

一些股份制银行为数字化转型积极实践，大胆做“减法”。恒丰银行发布的公告显示下线一贯平台 App，同时关闭平台相关服务功能。后续将通过恒丰银行手机银行、网上银行、“恒丰银行”微信公众号提供线上服务。

类似这样的股份制银行数字化“减法”得到业内人士好评，认为部分银行多个部门都推出了直销银行、生活类、支付类等零售类 App，探索多样化获客渠道，虽然鼓励了内部竞争，但有些 App 做得不够好且功能重复，体验感差。注销多余的手机银行 App 有利于减少运营成本和维护成本，提高服务效率，减少资源浪费。

就目前而言，手机银行 App 还是最重要的服务触达端口和用户连接入口，银行仍要做好现 App 端口的用户体验和用户留存，可以考虑进一步优化服务体验和服务方式，满足更多用户需求。

资料来源：方磊．股份制银行勇于数字化转型［N］．中国银行保险报，2023-06-13（006）．

本章测试

思考题：

1. 什么是商业银行电子银行业务？
2. 简述电子银行业务的特点。
3. 简述网上银行与传统银行的区别与联系。
4. 简述网上银行业务办理流程。
5. 简述手机银行的特点。
6. 网络支付的主要业务有哪些？

实操题目：

1. 分小组按照网上银行业务流程，模拟引导客户办理网上银行业务。
2. 完成本章情境引入中的问题。

第八章

商业银行风险及管理

本章学习目标

了解风险的概念。

理解商业银行风险及风险管理的概念。

熟悉商业银行风险的类别。

理解商业银行风险管理组织机构及其作用。

理解商业银行风险评价、风险报告的内涵。

了解商业银行主要风险的计量模型。

掌握商业银行风险管理的主要方法。

理解商业银行重要风险的应对策略。

本章知识思维导图

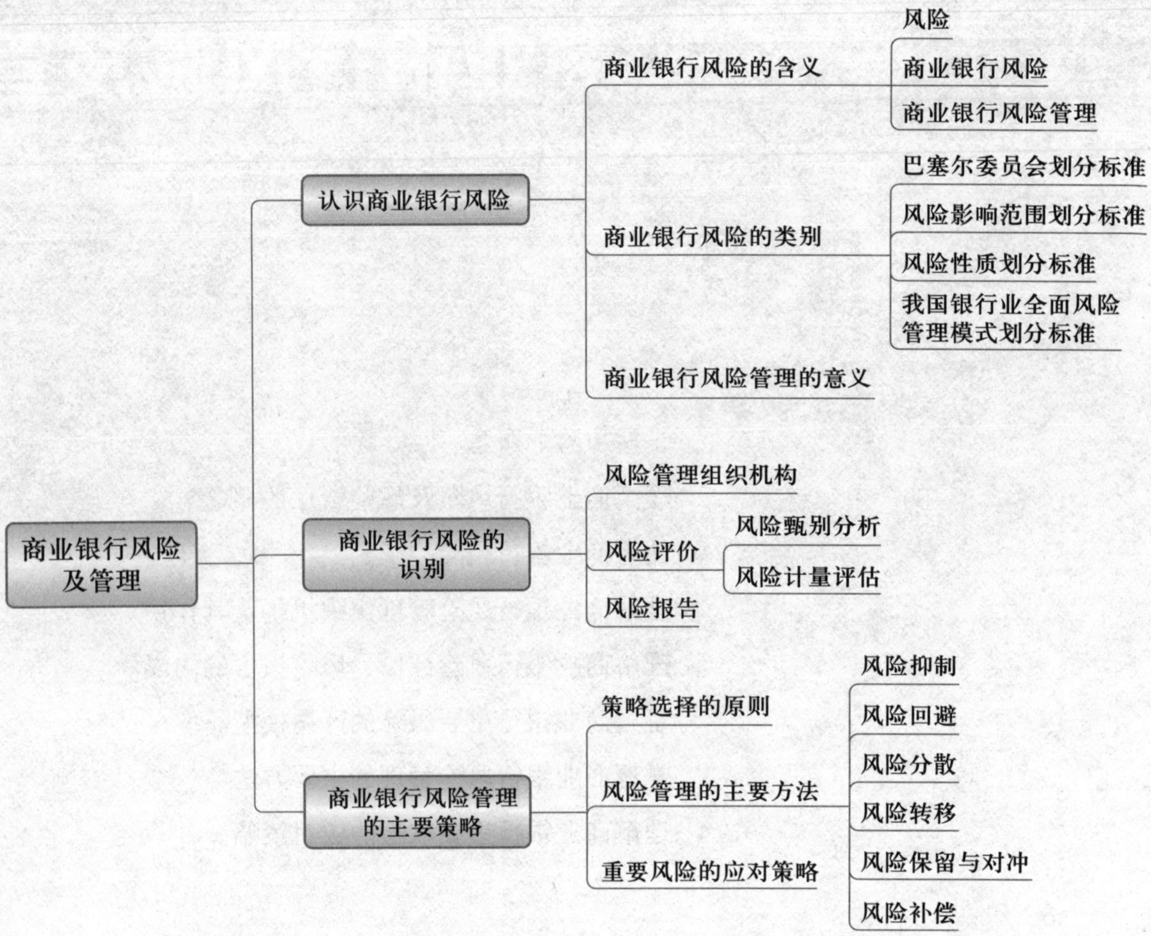

本章关键术语

风险　风险管理　风险识别　信用风险　市场风险　流动性风险　操作风险　国别风险　银行账户利率风险　声誉风险　战略风险　信息科技风险　风险计量　风险应对策略

本章情境引入

情境引入微视频

风险小趣闻：在远古时期，渔民每次出海前都祈求神灵保佑自己平安顺利，出海时风平浪静、满载而归。长期的捕捞实践中，他们发现无法预测的“风”会带来无法确定的危险，因此，“风”即意味着“险”，便有了“风险”一词。

请思考：商业银行在经营过程中会遇到什么风险呢？又会如何应对呢？

第一节

认识商业银行风险

一、商业银行风险的含义

（一）风险

有关风险，我国自古流传的著作中就有不少风险的概念雏形和风险管理意识，如《诗经》中的“迨天之未阴雨，彻彼桑土，绸缪牖户”，《左传》中的“居安思危”，《论语》中的“人无远虑，必有近忧”等。多年来，各国学者对风险各有不同的解释。归纳其核心，风险即不确定性。

2007 年召开的国际标准化组织（ISO）技术管理局风险管理工作组第四次工作组会议，采纳了我国代表提出的“风险”定义：不确定性对目标的影响。狭义的风险是损失发生的不确定性，广义的风险是对目标影响的不确定性。

本章中，风险是不确定性对目标造成损失的可能性。

（二）商业银行风险

商业银行风险指商业银行受到不可预期的不确定因素的影响，使得实际经营结果与预期经营目标产生偏离，从而导致商业银行遭受经济损失或者失去额外收益机会的可能性。

商业银行风险的特征如下。

（1）商业银行风险不是商业银行损失。商业银行风险是实际经营结果与预期经营目标偏离的可能性，商业银行损失是一种确定的结果。

（2）商业银行实际经营结果与预期经营目标的偏离存在不确定性。实际经营结果与预期经营目标的偏离可以是正向的，也可以是负向的。

（3）商业银行风险具有动态性内容。随着内外部环境的变化、经济形势的不同和银行自身的发展需求变化，商业银行风险的内容也会不断变化。

（三）商业银行风险管理

1988 年，由十国集团中央银行行长提倡建立的巴塞尔委员会制定了一系列重要的银行监管规定进行商业银行风险管理，简称《巴塞尔协议》。《巴塞尔协议》逐渐成为国际银行业竞争规则和国际惯例，国际银行业也逐渐意识到建立全面风险管理体系进行风险管理的必要性。

2016 年，我国出台《银行业金融机构全面风险管理指引》，规定“银行业金融机构应当建立全面风险管理体系，采取定性和定量相结合的方法，识别、计量、评估、监测、报告、控制或缓释所承担的各类风险”。

银行业金融机构全面风险管理指引

商业银行风险管理是指商业银行在经营过程中，通过观察研究风险发生的规律，对风险进行识别和计量，利用风险管理技术进行风险预测和管理，从而达到控制风险、降低损失的过程。商业银行风险管理具有动态性和全面性。

商业银行经营环境处于不断变化过程中，其风险管理也是动态进行的。由于目前商业银行面临的不再是单一风险，风险之间具有关联性，因此商业银行风险管理贯穿于经营活动的全过程，每项业务的流程、制度，管理层的决策均应经过风险分析、风险评估，采取风险控制和财务风险处理，以减少或避免风险。

二、商业银行风险的类别

商业银行风险根据不同的分类标准具有不同的分类方式，一般来说，常见的分类标准有巴塞尔委员会划分标准、风险影响范围划分标准、风险性质划分标准和我国银行业全面风险管理模式划分标准等。

（一）巴塞尔委员会划分标准

根据巴塞尔委员会 2006 年在《有效银行监管核心原则》中对商业银行风险的分类，其共有八类，分别是信用风险、市场风险、利率风险、流动性风险、操作风险、国家和转移风险、法律风险、声誉风险。

其中，信用风险、市场风险、操作风险和流动性风险四种风险是商业银行面临的最主要风险。

（二）风险影响范围划分标准

根据风险的影响范围大小，商业银行风险分为系统性风险和非系统性风险。

系统性风险是指由外部因素引起、单个银行无法预测和控制、对所有银行和银行的所有业务活动都产生影响的风险。

非系统性风险是指和单个银行或者银行个别业务活动相联系的风险，由各种不确定性引起，不会对所有银行和银行业务都产生影响，不同银行可以采取相应的措施来控制或消除的风险。

（三）风险性质划分标准

根据风险动静性质的不同，商业银行风险分为静态风险和动态风险。

静态风险主要是指自然灾害和意外事故带来的风险。静态风险所造成的后果主要是经济上的损失，而不会因此获得意外的收益。静态风险一般属于不可回避的风险，银行在静态风险面前处于被动地位。

动态风险主要是由银行的经营管理状况和市场资金需求变动或经济、金融体制改革等因素引起的风险。动态风险既可能给银行带来经济上的损失，也可能给银行带来额外收益，其后果是难以估计的。动态风险常常是可以回避的风险，银行在风险面前处于主动地位。

（四）我国银行业全面风险管理模式划分标准

根据《中华人民共和国银行业监督管理法》《中华人民共和国商业银行法》等法律法规和《银行业金融机构全面风险管理指引》，我国商业银行的风险分为信用风险、市场风险、流动性风险、操作风险、国别风险、银行账户利率风险、声誉风险、战略风险、信息科技风险以及其他风险。

1. 信用风险

（1）信用风险的定义。信用风险又称违约风险，指债务人或交易对手未能履行合同所规定的义务或信用质量发生变化，影响金融产品价值，从而给债权人或金融产品持有人造成经济损失的可能性。

（2）信用风险的特征。

① 普遍性。信用风险既存在于传统的贷款、债券投资等表内业务中，又存在于信用担保、贷款承诺及衍生产品交易等表外业务中。信用风险主要存在于银行账户。信用风险对基础金融产品和衍生产品都有影响，但影响不同。

② 非对称性。信用风险是商业银行面临的最重要的风险种类，但其在很大程度上由个案因素决定。当债务人不违约时，商业银行获得收益，损失

为零，而债务人违约时，损失可能是全部债务。对商业银行而言，影响债务人的自身财务信息、信用道德和风险状况这类信息不能完全对称，导致信用风险存在信息不对称性。

美国次贷危机警示

③ 累积性。随着金融产品的更新换代，信用风险的普遍性提高，新时代的信用风险具有不断累积、恶性循环的特性，当累计值超过一定的临界点会给商业银行带来数倍损失，甚至引爆金融危机。

2. 市场风险

（1）市场风险的定义。市场风险指金融资产价格和商品价格的波动给商业银行的头寸价值造成损失的可能性，包括利率风险、汇率风险、股票风险和商品风险四种，其中利率风险尤为重要。

（2）市场风险的特征。市场风险具有数据充分和易于计量的特点，更适于采用量化技术加以控制。同时，其具有明显的系统性风险特征，难以通过分散化投资完全消除。

3. 流动性风险

（1）流动性风险的定义。流动性风险指商业银行无法及时获得或者无法以合理成本获得充足资金，以偿付到期债务或其他支付义务、满足资产增长或其他业务发展需要的可能性。

（2）流动性风险的特征。流动性风险形成的原因更加复杂，涉及的范围更广，通常被视为一种多维风险。流动性风险管理水平体现了商业银行的整体经营管理水平。流动性风险的产生除了与商业银行的流动性计划不完善有关外，还与信用风险、市场风险、操作风险等其他风险的连锁反应带来的资金流动性困难有关。

4. 操作风险

（1）操作风险的定义。操作风险指由不完善或有问题的内部程序、员工、信息科技系统以及外部事件造成损失的可能性。根据监管机构的规定，操作风险包括法律风险，但不包括声誉风险和战略风险。操作风险可分为人员因素、内部流程、系统缺陷和外部事件四大类别。

（2）操作风险的特征。操作风险广泛存在于商业银行业务和管理的各个领域，具有普遍性和非营利性、不能给商业银行带来盈利。

5. 国别风险

（1）国别风险的定义。国别风险指由于某一国家或地区经济、政治、社会变化及事件，导致该国家或地区借款人或债务人没有能力或者拒绝偿付商业银行债务，或使商业银行在该国家或地区的业务存在遭受损失的风险，包括转移风险、主权风险、传染风险、货币风险、宏观经济风险、政治风险、间接国别风险七类，其中转移风险是国别风险的主要类型之一。

（2）国别风险的特征。国别风险存在于授信、国际资本市场业务、设立境外机构、代理行往来和由境外服务提供商提供的外包服务等经营活动中。

国别风险可能由一国或地区经济状况恶化、政治和社会动荡、资产被国有化或被征用、政府拒付对外债务、外汇管制或货币贬值等情况引发。

6. 其他常见风险

（1）银行账户利率风险。银行账户利率风险是指利率水平、期限结构等不利变动导致银行账簿经济价值和整体收益遭受损失的风险，主要包括缺口风险、基准风险和期权性风险。银行账簿记录的是商业银行未划入交易账簿的相关表内业务和表外业务。

（2）声誉风险。声誉风险是指由商业银行经营、管理及其他行为或外部事件导致利益相关方对商业银行负面评价的可能性。

（3）战略风险。战略风险是指由于经营策略不当或外部经营环境变化等原因导致战略管理能力缺失，进而对银行经营业绩、市场竞争力和可持续发展产生严重负面影响的可能性。

（4）信息科技风险。信息科技风险是指由于信息科技部门或服务供应商提供的计算机系统或设备发生故障或其他原因，商业银行不能正常提供全部或部分服务而造成损失的可能性。

三、商业银行风险管理的意义

（一）商业银行的生存与发展离不开风险管理

商业银行的收益离不开风险管理，银行不仅通过承担风险获取利润，还对风险进行量化与分配，将其植入金融产品和服务中，在市场上打包出售，即所谓的证券化过程。银行借助证券化过程可以调整资产负债表结构，分散和化解风险，解决自身流动性问题，加快资金周转。然而，证券化产品本身的复杂结构使其内含的风险难以被市场和投资者充分认识，如果缺乏有效的风险管理，会给商业银行造成巨大的损失。

（二）金融体系的稳健性需要商业银行进行风险管理

商业银行的风险会影响金融体系的稳健性，因此风险管理不仅是商业银行的基本职责，也是金融监管部门关注的重点，需要全球范围内的监管合作。近年来，以《巴塞尔协议》为代表的全球金融监管对商业银行提出了日益严格的风险管理要求，以期应对复杂多变的风险环境。风险管理让商业银行在竞争环境中根据预警改变过度杠杆化和亲周期性的业务模式，不仅是为了满足风险监管要求，维系整个金融系统的安全，同时也是银行自身长期、稳健发展所必需的。

第二节

商业银行风险的识别

商业银行风险识别是由一定的风险管理职能部门通过专业的定量和定性风险评估，测定银行的主要风险及大小，并形成一定格式的风险报告向管理层反馈的过程，其主要内容包括风险管理组织机构、风险评价和风险报告三方面。

英国巴林银行为何破产

一、风险管理组织机构

（一）职能部门设置

1. 董事会及其主要职责

（1）董事会。董事会是商业银行的最终决策机构，受托于公司股东，向股东大会负责。

（2）董事会的主要职责。

① 董事会对银行总体负责，包括审核与监督银行的战略目标、风险战略、公司治理和企业价值的实施情况。

② 董事会监督高级管理层。

③ 董事会承担商业银行风险管理的最终责任，负责风险偏好等重大风险管理事项的审议、审批，对银行承担风险的整体情况和风险管理体系进行监督。

2. 风险管理委员会及其主要职责

（1）风险管理委员会。为提高董事会风险管理的效率，商业银行的董事会一般会设置风险管理委员会，由专业的风险管理人才组建。

（2）风险管理委员会的主要职责。风险管理委员会对银行当前及未来总体的风险偏好和风险管理战略提出专业建议，并对高级管理层具体执行情况进行监督。

3. 监事会及其主要职责

（1）监事会。监事会是我国商业银行特有的监督机构，对股东大会负责，从事商业银行内部尽职监督、财务监督、内部控制监督等监察工作。

（2）监事会的主要职责。监事会负责监督董事会、高级管理层是否尽职履责，并对银行承担的风险水平和风险管理体系的有效性进行独立的监督、评价。

4. 高级管理层及其主要职责

（1）高级管理层。高级管理层向董事会负责，在董事会的指导下确保银行业务活动与董事会审核通过的经营战略、风险偏好和各项政策相符，是商业银行的执行机构。

（2）高级管理层的主要职责。

① 执行风险管理的政策。

② 制定风险管理的程序和操作规程。

③ 及时了解风险水平及其管理状况，确保银行具备足够的人力、物力和恰当的组织结构管理信息系统以及技术水平，来有效地识别、计量、监测和控制各项业务所承担的各种风险。

5. 风险管理部门及其职责

（1）风险管理部门。风险管理部门是商业银行内设的专门从事风险管理工作的多个职能部门、岗位的总括，具有独立性和权威性的特征。

（2）风险管理部门的职责。风险管理部门负责建设完善包括风险管理政策制度、工具方法、信息系统等在内的风险管理体系，组织开展各项风险管理工作，对银行承担的风险进行识别、计量、监测、控制、缓释以及风险敞口的报告，促进银行稳健经营、持续发展。

（3）风险管理部门的设置。风险管理部门的设置应与银行的经营管理架构、银行业务的复杂程度、银行的风险水平相适应。

① 将银行承担的各类主要风险全部纳入统一的管理框架。

② 部门设置要关注各类型风险的管理，厘清不同部门的职责及相互协作关系，避免职责重叠或空白。

③ 风险管理职能部门要独立于业务经营等风险承担部门。

④ 风险管理贯穿业务经营流程之中，部门设置要有利于积极主动地进行风险管理，既要为业务经营提供专业支持，也要控制业务经营承担的风险水平。

6. 其他风险控制部门

（1）财会部门：采取每日参照市场定价的方法，及时捕捉市场价格的变化，为风险管理提供真实、准确的数据。

（2）内部审计部门。内部审计部门常见风险管理职能如下。

① 经营管理的合规性及合规部门工作情况。

② 内部控制的健全性和有效性。

③ 风险状况及风险识别、计量、监测和控制程序的适用性和有效性。

④ 信息系统规划设计、开发运行和管理维护的情况。

⑤ 会计记录和财务报告的准确性、可靠性。

⑥ 与风险相关的资本评估系统情况。

⑦ 机构运营绩效和管理人员履职情况。

（3）法律合规部门。法律合规部门风险管理相关职能如下。

① 协助制定政策。

② 适时修订规章制度和操作规程，使其符合法律和监管要求。

③ 开展培训和教育项目。

④ 随时关注并准确理解法律监管要求及最新发展，为高级管理层提供建议。

⑤ 参与商业银行的组织架构和业务流程再造。

⑥ 参与商业银行新产品的开发，提供必要的法律测试、审核和支持。

（4）外部监督机构：从数量和质量方面综合评价商业银行的风险管理能力，同时要求商业银行定期提供整体风险报告。

（二）职能部门风险管理运作模式

商业银行风险管理职能部门设置一体化、相互作用、以客户为中心的“三道防线”进行风险识别与防范。第一道防线是业务部门，第二道防线是风险管理部门和内控合规部门，第三道防线是审计部门，它们相互制衡，平衡风险与收益。

第一道防线业务部门，承担所辖产品和业务风险管理的直接责任。在业务经营中，业务部门遵循全行统一的风险偏好，有效落实各项风险管理要求，承担日常管理决策和业务运营中相关风险的直接管理职责；配合风险管理部门定期对所辖业务的各类风险进行甄别、监测、评估并报告，及时发现隐患、弥补漏洞；及时提供风险管理所需数据和信息，并对数据质量负责。

第二道防线由风险管理部门和内控合规部门两部门组成，风险管理部门负责对各业务部门的风险管理活动进行规范、引导、协调、评估、监督及报告，内控合规部门负责督查各业务部门遵守法律法规、监管规定及内部规章制度的情况。

第三道防线审计部门，负责对风险管理、内部控制、监督体系进行再监督。

二、风险评价

（一）风险甄别分析

商业银行结合自身发展战略、经营状况和风险环境，判断甄别对战略目标、经营活动产生负面影响的潜在事件。常见的风险甄别方法如表 8.1 所示。

表 8.1 常见的风险甄别方法

常见方法	方法说明
制作风险清单	这是最基本、最常用的风险甄别方法，采用类似于备忘录的形式，将商业银行所面临的风险逐一列举，并联系经营活动对这些风险进行深入理解和分析
资产财务状况分析法	风险管理人员通过实际调查研究以及对商业银行的资产负债表、利润表、财产目录等财务资料进行定量、定性分析，从而发现潜在的风险
失误树分析法	通过图解法来识别和分析风险事件发生前存在的各种风险因素，由此判断和总结哪些风险因素最可能引发风险事件
分解分析法	将复杂的风险分解为多个相对简单的风险因素，从中识别可能造成严重风险损失的因素

（二）风险计量评估

风险计量评估是在风险甄别的基础上，对风险发生的可能性、风险将导致的后果及严重程度进行充分的分析和评估，从而确定风险水平的过程。

风险计量一般采用定性计量方式、定量计量方式或者定性与定量相结合的计量方式。

我国商业银行逐步采用资本计量高级方法，提高风险计量的科学性和准确性。

有效的风险计量结果建立在成熟的风险模型基础上，通过模型发现和掌握风险的演变规律，为后续实施科学的风险管理提供依据和支持。开发风险管理模型的关键是数据源是否具有高度的真实性、准确性和充足性，以确保最终开发的模型可以真实反映商业银行的风险状况。从《巴塞尔协议》第一版的风险计量建议到如今，对商业银行影响较大的主要风险如信用风险、市场风险、流动性风险、操作风险等都已经形成了较成熟的计量模型体系。

1. 信用风险的主要计量模型

商业银行一向重视信用风险的计量，1988 年具有代表性的《巴塞尔协议》第一版就对信用风险的计量方式进行了重要阐述，提出了信用风险加权资产的计算，发展至今，信用风险计量模型主要分成财务指标信用风险计量模型和非指标信用风险计量模型两大类。

第一类，财务指标信用风险计量模型。该类模型主要包括多元判别分析模型（MDA）、线性概率模型、Logistic 模型、神经网络模型等。

（1）多元判别分析模型。多元判别分析模型，主要有 Z 值评分模型和 ZETA 模型，是根据已知的每类样本财务数据进行分析，总结分类规律，建立判别函数的模型。

Z 值评分模型于 1968 年提出，根据对当时美国破产企业与非破产企业进行观察对比，以 22 个主要财务指标作为观测变量进行数理统计分析，最后筛选 5 个关键财务指标作为判别企业违约事项的标准，赋予权重后，测算出临界值权重，得到基本模型 $Z=1.2X_1+1.4X_2+3.3X_3+0.6X_4+0.999X_5$。

ZETA 模型是对 Z 值评分模型的修正和拓展，ZETA 模型可以表示为：$ZETA=aX_1+bX_2+cX_3+dX_4+eX_5+fX_6+gX_7$。$X_1$ 为资产收益率指标，用息税前利润 / 总资产表示；X_2 为收益稳定性指标，通常指公司资产收益率在 5 到 10 年中变化的标准差；X_3 为债务偿还能力指标，用利息保障倍数表示；X_4 为积累盈余指标，用留存收益 / 总资产表示；X_5 为流动性指标，通常用流动比率表示；X_6 为资本化程度指标，是指公司普通股 5 年的平均市值与长期资本总额之比；X_7 为规模指标，通常用公司总资产对数表示。

该模型的优点是通过定量形式计量信用风险，预测能力强，应用面广，但缺点是变量呈线性，当现实经济中的变量呈非线性时，不能准确计量信用风险。

（2）线性概率模型。线性概率模型简称 LPM，该模型是因变量为一个虚设变量或双值变量的线性函数，其本质是普通最小二乘回归模型，因变量只取 0 或 1。

该模型可以定量估计企业破产的风险，但计算出来的贷款偿还概率可能不为 0~1，需要数学上修正处理结果。

（3）Logistic 模型。Logistic 模型是多元条件概率模型，可以针对某一特定总体的公司，在某一特定时间内破产的概率进行计量。

该模型的基本思路是假设 X_i 为第 i 个公司的预测变量，a 和 b 为待估计参数，公司 i 破产的概率模型是 $P(X_i, b)=F(a+bX_i)$，利用最大化似然函数 $\ln L(a, b)$ 对样本数据测算，估计出参数 a 和 b 的值。

该模型克服了多元判别分析模型与线性概率模型的条件限制，利用最大化似然函数计算参数，提高为了参数的准确性，更有利于准确甄别健康公司和财务危机公司。

（4）神经网络模型。神经网络（人工智能）模型，本质是从输入空间到输出空间的一个非线性映射关系。该方法在研究企业财务状况时，主要利用其映射能力和泛化能力，即在经过一定数量带干扰的样本训练之后，人工神经网络可以抽取样本所隐含的特征关系，并对新情况下的数据进行内插和外推以推断其属性。

该模型具有模式识别能力，能进行自学习，对数据的分布要求不严格，预测精度高，但其没有统计理论基础，形成局部优势而非整体优势，自学习训练效率有待提高。

第二类，非指标信用风险计量模型。该类模型主要包括信用计量（CreditMetrics）模型、信用风险附加（CreditRisk+）模型、KMV 模型、麦肯锡模型等。

（1）信用计量模型。信用计量模型是 1997 年由 J. P. 摩根联合当时世界一流的银行和 KMV 公司开发，是当今最为著名的信用风险度量模型之一，违约概率（probability of default，PD）的测度是通过企业信用等级转移概率矩阵来实现的。转移概率矩阵由所有行业内公司信用等级逐年变化的历史数据构成，标明了不同行业公司在不同商业周期下，在一定的信用期间内，其信用等级从一个级别转移到另一个级别的概率矩阵数据组合。

该模型的优点是一定程度上避免了资产收益率正态性的硬性假设，拓展了违约概念，认为违约包括债务人信用等级恶化，并提出了边际风险贡献，应用广泛。其缺点是信用等级转移概率矩阵未必稳定，影响因素多，与其他金融产品相比，该模型更适用于债券信用风险计量，评价贷款的损失有一定困难。

（2）信用风险附加模型。信用风险附加模型由瑞士信贷第一波士顿银行产品部基于保险精算学思想开发。该模型将债券 / 贷款分为多个频段，计算不同频段不同的期望违约人数，从而设计资产损失的概率密度函数。在该函数的测算下，直接利用 VaR（value at risk，在险价值）方法求出债券 / 贷款的经济资本要求，即在一定的置信水平下，计算最大可能违约数及对应的经济资本。

该模型的优点是可以求出债券 / 贷款及其组合的损失概率和边际风险分布；涉及估计变量少，只需要违约和风险暴露的分布；模型不受地区、部门和时限影响，操作简便。但其缺点是没有考虑市场风险对违约的影响，没有考虑信用等级迁移，可能低估违约率，不能处理非线性金融产品，如期权等。

（3）KMV 模型。KMV 模型是违约预测模型，可以估计借款企业违约概率。其以股票市场数据为基础，利用默顿期权定价理论，估计企业资产的当前市值和波动率，根据企业的负债计算其违约点和其距离违约点的标准差，根据标准差和预期违约率的对应关系求出预期违约率。

该模型以期权理论为基础，预测结果更准，且充分考虑了市场信息，数据来源于市场，使得分析结果更直接，具有动态性和前瞻性。但是，该模型前提假设过于简单，不能预测非上市公司的信用风险，不能应用于所有金融产品。

（4）麦肯锡模型。麦肯锡模型是基于计量经济学，从宏观经济环境的角度分析借款人信用等级迁移，建立起的信贷组合观点模型。该模型通过对信用计量模型转移矩阵加入宏观经济因素调整而来，最大特点是考虑了当期的宏观经济环境，认为企业信用质量的变化与失业率、长期利率水平、GDP（国内生产总值）增长等宏观经济因素变动紧密相关。

该模型的优点是适合投资级别的债务人，考虑了宏观经济环境对信用等级迁移的影响，与信用计量结合，提高了预测准确性，适用面广，单个、群体债务人均适用。其缺点是依赖一国多个宏观经济数据，数据处理与计算较复杂，不能处理非线性产品。

以上模型各有优劣势和不同的适用性。信用计量模型和 KMV 模型适合预测公司和规模较大的私人客户的信用风险。信用风险附加模型适合预测零售客户的信用风险。麦肯锡模型适合预测对宏观经济因素变化敏感的投资级债务人或房贷等项目的信用风险。当下，我国更适合推广信用计量模型。

2. 市场风险的主要计量模型

市场风险常见的计量模型有利率敏感性缺口模型、久期缺口模型和 VaR

模型。

（1）利率敏感性缺口模型。利率敏感性缺口模型的关键是计算利率敏感性缺口，在较短期内到期或需要重新确定利率的资产和负债分别称为利率敏感性资产和利率敏感性负债，利率敏感性资产和利率敏感性负债的差额即构成利率敏感性缺口。

该模型的优点是操作简单，计算简便，通过缺口分析，商业银行可以判断其资产负债配置的敏感风险敞口的性质、敞口的大小以及敞口发生的时间，从而采取不同的风险管理策略控制利率风险。但其缺点是：属于静态分析，精准性不高，忽略了利率的隐含期权风险，不能体现部分活期存款和表外项目的利率风险；采用账面价值核算法，不能分析利率变动对商业银行资产、负债等按历史价值入账的市场价值影响；细分期间选择不稳定，细分期间选择的不同可能会导致不同的利率敏感性缺口状况。

（2）久期缺口模型。久期指收回债券投资平均需要等待的时间。和到期期限相比，久期考虑了每笔现金流的不同时间的问题，因此可以更准确地测量资产和负债的利率敏感度。久期缺口模型利用久期度量利率风险的大小，即久期越大，单位利率变动引起的债券价格变动就越大，利率风险也就越大；反之亦然。

久期缺口管理的目的就是构造久期零缺口，使利率变动对银行资产价值和负债价值的影响相互抵消，从而保持银行净值不变。由于利率的变动对于银行来说是不可控的，银行资产总是大于零，因此使银行市值不受利率影响的唯一办法就是让久期缺口等于零。

该模型的优点是简单、直观、易操作，相对利率敏感性缺口管理，久期缺口管理更为精确，并从长期角度分析了利率变化对银行市场价值的影响；久期分析能与银行业务发展紧密联系，将许多银行业务综合计量，通过对银行资产负债在数量、期限以及地区之间进行匹配来规避利率风险，具有管理上的优势。

其缺点是久期缺口管理忽略了短期影响（利差收入），作为静态指标，不能考虑隐含期权（如客户提前还款）和资产负债表动态变化情况；久期随利率变化而变化的特性，导致久期缺口调整具有滞后性，调整成本增加；久期缺口管理主观性过强，准确性和有效性有限。

（3）VaR 模型。VaR 指在分析期间内某项金融资产或证券组合在一定的置信水平下预期发生的最大可能损失值。“一定的置信水平”是经济条件、市场条件、上市公司及所处行业、信誉条件等的概率条件。一般来说，置信水平反映了金融资产管理者对风险的厌恶程度，可以根据投资者对风险的不同偏好程度和承受能力来确定。

VaR 模型就是通过计算 VaR 值来确定商业银行的市场风险，常见的计算方法有方差 / 协方差法、历史模拟法和蒙特卡洛模拟法。

方差 / 协方差法又称德尔塔正态法，该方法的基本假设是资产组合中的所有证券的投资回报率满足正态分布，资产组合作为正态变量的线性组合也满足正态分布，从而由线性函数公式计算得到风险价值。历史模拟法以历史可以在未来重复为假设前提，根据风险因素的历史变化来模拟风险因素的未来变化，并据此计算出在一定概率下可能的最大损失。历史模拟法是目前国内商业银行市场风险计量最主要的方法。蒙特卡洛模拟法的原理与历史模拟法类似，不同之处在于蒙特卡洛模拟法中风险因子的变化不是来自历史观察值，而是通过随机数模拟得到。其基本思路是重复模拟金融变量的随机过程，使模拟值包括大部分可能情况，这样银行通过模拟就可以得到组合价值的整体分布情况，在此基础上可以计算出风险价值。

该模型的优点是风险价值可以将不同业务、不同类别的市场风险用一个确切的数值表示，具有高度概括性，简明易懂；考虑对未来损失风险的事前预测，考虑不同的风险因素、不同投资组合（产品）之间风险分散化效应，具有传统计量方法不具备的特性和优势。

但其缺点是无法预测尾部极端损失情况，无法预测单边市场走势极端情况，无法预测市场非流动性因素。

3. 流动性风险的计量

流动性风险通常通过财务数据指标来计量，包括财务比率指标、市场信息指标两大指标。

（1）财务比率指标。静态指标财务比率指标反映的是银行在某个时点的流动性水平，将其综合起来成为一个指标体系才能全面衡量银行的流动性风险。主要财务比率指标如表 8.2 所示。

表 8.2　主要财务比率指标

指标公式	指标含义
存贷款比率 = 贷款总额 / 存款总额	一般该比率越高，银行的流动性越差，较低的存贷款比率意味着银行可以用稳定的存款来为新贷款融资，流动性风险较小
核心存款比率 = 核心存款 / 总资产	集中反映了银行负债方面的流动性，该比率比较高的商业银行流动性也较好

续表

指标公式	指标含义
流动资产比率＝流动性资产／总资产	通常该比率越高表明商业银行存储的流动性越好。一般银行的规模越大，该比率越小，因为大银行的资金筹集能力强，不需要储存太多的流动性
贷款与总资产比率＝贷款总额／资产总额	贷款是商业银行资金运用的主要方式，银行总资产中贷款的比例越高，说明银行资产的流动性越差，而贷款的比例越低，说明银行的资产越多元化，流动性越好

由于不同银行的资产规模、经营环境、经营理念不同，所以这些指标并不存在一个特定的最优值，不宜进行简单的个体比较。

该方法的优点是简单实用，有助于理解商业银行当前和过去的流动性状况。但其属于静态评估，无法对未来特定时段内的流动性状况进行评估和预测。

（2）市场信息指标。市场（资产）流动性可以从市场宽度、市场深度、市场及时性等维度来刻画。

从市场宽度来衡量市场流动性，可以利用基于价格的市场流动性指标，最主要的指标为价差类指标，如买卖差价。

从市场深度来衡量市场流动性，可用一定时间内的交易量（成交金额或特定价位上可交易的量）进行测度。特定价位上可交易的量或成交金额越大，深度越大，表示可成交的机会越多，流动性越好。换手率是基于交易量的另一个流动性指标，是一个衡量证券持有时间的指标。

从市场及时性来衡量市场风险，可以基于时间来设计指标，主要包括执行时间、交易频率和弹性。执行时间是指订单到达至订单得到执行的时间间隔。流动性的一个重要表现是交易的即时性，在其他条件相同的情况下，进行交易所需要的时间越短，流动性就越好。交易频率为在一个特定的时间内交易的次数，在其他条件相同的情况下，交易和交易之间的间隔时间越短或特定时间内的交易发生的次数越多，表示交易越活跃，则从即时性维度考虑的市场流动性也越高。弹性是指从价格发生变化至恢复到均衡价格所需要的时间，它是考虑了价格变化的时间指标。在假定资产的基本价值不变的情况下，价格会随机地围绕基本价值波动，市场弹性越好，则价格偏离价值以后返回的速度越快。

资产流动性是一个与价格、交易量、时间等因素都有关的概念，为了克服单纯以价格和交易量衡量流动性的不足，还可以采用价格和交易量相结合的衡量指标，主要包括两类：第一类是价格冲击系数，第二类是流动性比率。

选定市场风险指标，利用方差、VaR 值、线性相关系数、Copula 函数等计算方法确定风险大小。

4. 操作风险的计量

进入 21 世纪后，操作风险计量技术取得了重大进展，一系列新的方法和技术，例如 VaR、极值法和贝叶斯网络法，被引入计量操作风险，银行业开始采用更先进的统计分析技术为管理操作风险建模，发展出了多种新的操作风险度量方法。这些方法大致可以分为自上而下模型和自下而上模型。国际先进银行一般同时采用两种方式，运用两个模型，一是先采用自上而下模型为总体的操作风险分配经济资本，再运用自下而上模型来分析损失事件；二是直接运用自下而上模型来度量操作风险。

（1）自上而下模型。自上而下模型（见表 8.3）主要使用财务指标和收益波动性等作为衡量风险的变量，由各部门计算操作风险并汇总。该模型不区分损失事件和损失原因，从宏观基础上对操作风险进行度量，使用灵活且简便。

表 8.3　自上而下模型

方法	计量过程
基本指标法	以总收入等指标的一定百分比来度量操作风险
标准法	将银行业务划分为八条不同的业务线，每条业务线乘以一定百分比，然后将各产品线加总
收入模型法（CAPM 法）	以收入模型等 CAPM（资本资产定价模型）为基础度量银行面临的总体风险，再从中分离出信用风险和市场风险，剩余的部分即操作风险
波动性法	将某些指标的波动看作风险，并将波动的原因归为操作风险，利用观察到的收入波动的幅度来度量操作风险

该模型的优点是在收集相关数据和估计操作风险方面相对容易，缺点则是商业银行不能按照业务线或部门来分析操作风险的原因，因而不能将操作风险的计量结果运用于各业务线或部门的风险管理和经济资本配置，因此不能对各类业务的业绩评价、收益管理和风险管理起到有效的激励作用。

（2）自下而上模型。自下而上模型（见表 8.4）是以各损失事件的类型与业务来区别风险，并逐步进行统计的计量方法。实际计量时，首先计量不同业务线或部门的操作风险，再进行加总，从而得到银行整体面临的操作风险。

表 8.4　自下而上模型

方法	计量过程
损失分布法	首先描绘出各项业务类型或事故类型的损失频率和损失幅度的概率分布，得出累计操作损失的概率分布函数，再通过计算得出一定置信水平下的 VaR 值来计量最大可能的损失
情景分析法	针对“低频高危”的事件，通过引入外部数据来模拟相关的情景，估计出可能造成的损失
因素分析法	鉴别造成损失的各种因素，并且对各因素之间的相关性进行分析
贝叶斯网络法	根据操作风险的各种原因和效应分别建模，综合起来对操作风险进行计量

该模型的优点在于区分了过去已经发生或可能发生的事件，并对这些事件的操作风险产生的原因和作用机制进行了解释，从而可以帮助银行有针对性地采取相应管理措施，避免类似事件再次发生，缺点则在于银行需要投入更多的资源收集相关损失事件的数据。

三、风险报告

商业银行风险报告没有统一的格式要求，但在内容方面要求做到如下两方面。

（一）体现风险监测功能

商业银行风险报告要体现各种风险水平的变化和发展趋势，在风险进一步恶化前提交给相关部门，密切关注并采取恰当的控制措施，确保风险在商业银行设定的目标范围以内。整个监测过程具有动态性和连续性。

（二）体现全面风险管理思想

商业银行风险管理报告是商业银行实施全面风险管理的媒介，贯穿于各个管理流程和各个业务层面。为了具有指导性，其内容要包括所有风险的定性、定量评估结果，并随时关注所采取的风险管理或控制措施的实施质量和效果。

第三节

商业银行风险管理的主要策略

商业银行风险管理的策略是在对风险进行识别、预测、评价的基础上，优化各种风险处理技术，以一定的风险成本达到有效控制和处理风险的目的。

一、策略选择的原则

商业银行风险管理总的原则是以最小的成本获得最大的保障，要遵循“全面风险管理原则”。

（一）匹配性原则

商业银行全面风险管理体系应当与风险状况和系统重要性等相适应，并根据环境变化进行调整。

（二）全覆盖原则

商业银行全面风险管理应当覆盖商业银行所有业务线，包括本外币、表内外、境内外业务；覆盖所有分支机构、附属机构、部门、岗位和人员；覆盖所有风险种类和不同风险之间的相互影响；贯穿决策、执行和监督全部管理环节。

（三）独立性原则

商业银行应当建立独立的全面风险管理组织架构，赋予风险管理线足够的授权、人力资源及其他资源配置，建立科学合理的报告渠道，与业务线之间形成相互制衡的运行机制。

（四）有效性原则

商业银行应当将全面风险管理的结果应用于经营管理，根据风险状况、市场和宏观经济情况评估资本和流动性的充足性，有效抵御所承担的总体风险和各类风险。

二、风险管理的主要方法

（一）风险抑制

风险抑制是指针对潜在风险，在风险发生之前，消减风险发生的条件，降低风险发生的概率，或减少风险带来的损失。例如，在马上急转弯处放置提醒路牌，在住房窗户外安装防盗网，在易燃易爆物品外包装盒贴警示标志，安装避雷针以防雷击等。

对商业银行而言，风险抑制是积极的风险管理策略，例如，商业银行通过在营业大厅设置“谨防诈骗”安全提示标语，短信提醒客户按期还款等诸多积极的防范措施抑制风险。

（二）风险回避

风险回避是指采取措施直接回避风险，或者不去做可能导致风险的事，从而避免风险及其损失。例如，驾车时放弃窄而危险的捷径而选择虽远但相对安全的大路等。

风险回避是相对消极的风险管理策略，商业银行以“不做业务，不承担风险”的理念规避某些风险，此策略不宜成为商业银行风险管理的主导策略。

（三）风险分散

风险分散是将同一风险分散到相关的个体上，以分散和降低风险的策略。形象地说，就是不把鸡蛋放在同一个篮子里。

商业银行在风险管理中，通过多样化的投资来分散和降低风险，例如通过“资产组合管理”“与其他商业银行组成银团贷款”等手段，使得授信对象多样化，从而分散和降低风险。

（四）风险转移

风险转移是将风险及其可能造成的损失转移给他人。按照手段的不同，风险转移可以分为非保险转移和保险转移。

非保险转移是指通过订立经济合同，将风险以及与风险有关的财务结果转移给别人。例如商业银行通过担保、备用信用证等手段将信用风险转移给第三方。

保险转移是指通过订立保险合同，以缴纳保险费为代价，将风险转移给承保人。例如商业银行购买财产保险以降低因失窃等带来的财产损失。

（五）风险保留与对冲

风险保留是指风险回避或者风险转移的成本太高时而选择自行承担风险带来的损失。

风险对冲是一种积极的风险保留。商业银行通过投资或购买与标的资产收益波动负相关的某种资产或衍生产品，来冲销标的资产潜在的损失。在管理市场风险（利率风险、汇率风险、股票风险和商品风险）时，商业银行常采取该策略，常见的对冲方式有以下两种。

1. 自我对冲

自我对冲指商业银行利用资产负债表或某些具有收益负相关性质的业务组合本身所具有的对冲特性进行风险对冲。

2. 市场对冲

市场对冲指商业银行对于无法通过资产负债表和相关业务调整进行自我对冲的风险，通过衍生产品市场进行对冲。

（六）风险补偿

风险补偿是在所从事的业务活动造成实质性损失之前，对所承担的风险进行价格补偿的策略性选择。

在实践中，商业银行可以采取在交易价格上附加风险溢价，即通过提高风险回报的方式，获得承担风险的价格补偿。对于无法通过风险分散、风险对冲或风险转移进行管理，而又无法规避、不得不承担的风险，往往采取该策略。

三、重要风险的应对策略

（一）信用风险的应对策略

商业银行会针对不同客户、国家、区域以及组合进行授信额度管理，控制关键信贷业务流程的风险，综合利用信用风险缓释技术、资产证券化和信用衍生产品等手段，以达到控制信用风险的目标。信用风险主要应对策略如表 8.5 所示。

表 8.5　信用风险主要应对策略

信用风险应对策略	分类	具体内容
限额管理	单一客户授信额度管理	综合考虑客户的债务承受能力、银行的损失承受能力，而确定该客户的授信额度
	集团客户授信额度管理	三步走战略： ① 根据总行关于行业总体指导方针、集团客户与授信行的密切关系，初步确定该客户的授信限额。 ② 根据单一客户的授信限额，初步测算关联企业各成员单位（含集团公司本部）最高授信限额的参考值。 ③ 分析各授信单位的具体情况，调整各成员单位的授信限额。同时，使每个成员单位的授信限额之和控制在集团公司整体的授信限额以内，并最终核定各成员单位的授信限额
	国家风险与区域风险限额管理	国家风险限额管理： 国家风险限额是对某一国家的信用风险暴露进行管理的额度框架，至少 1 年重新检查一次。国家风险暴露包含一个国家的信用风险、跨境转移风险以及高压力风险事件情景。 区域风险限额管理： 区域风险限额在一般情况下是指导性的弹性限额，但当某一地区受某些（政策、法规、自然灾害、社会环境等）因素影响，导致区域内经营环境恶化、经营管理水平下降、信贷资产质量恶化时，区域风险限额将被严格刚性加以控制
	组合限额管理	① 含义：组合限额是信贷资产组合层面的限额，是组合信用风险控制的重要手段之一。 ② 作用：通过设定组合限额，可以防止信贷风险过于集中在组合层面的某些方面（如过度集中于某行业、某地区、某些产品、某类客户等），从而有效控制组合信用风险
信用风险缓释	合格抵（质）押品	① 抵（质）押品内容：金融质押品、实物抵押品（应收账款、商用房地产和居住用房地产）以及其他抵（质）押品。 ② 作用：降低违约损失率、违约概率
	合格净额结算	作用：交易主体只需承担净额支付的风险

续表

信用风险应对策略	分类	具体内容
信用风险缓释	合格保证和信用衍生工具	在内部评级法初级法中，合格保证的范围包括： ① 主权、公共企业、多边开发银行和其他银行； ② 外部评级在 A- 级及以上的法人、其他组织或自然人； ③ 虽然没有相应的外部评级，但内部评级的违约概率相当于外部评级 A- 级及以上水平的法人、其他组织或自然人
关键业务流程控制	设立授信权限管理制度（每一交易需得到一定权力层次的批准），做出职责安排和相关规定，对弹性标准做出明确的定义	信贷审批：结合考虑客户的信用等级、具体债项的风险
		贷款转让：分散或转移风险、增加收益、实现资产多元化、提高经济资本配置效率
		贷款重组：为了降低客户违约风险导致的损失，对原有贷款结构（期限、金额、利率、费用、担保等）进行调整、安排、组织的过程
资产证券化和信用衍生产品	资产证券化	某一资产或资产组合采取"证券资产"这一价值形态的资产运营方式
	信用衍生产品	信用衍生产品是用来从基础资产上分离和转移信用风险的各种工具和技术的统称，能将信用风险从市场风险中分离出来并提供风险转移机制

（二）市场风险的应对策略

1. 限额管理

市场风险限额管理体系主要包括交易组合定义、限额结构和限额指标设定与审批、限额监控与报告、限额调整、超限额管理等。市场风险限额指标包括头寸限额、风险价值限额、止损限额和敏感度限额。

（1）头寸限额是指对总交易头寸或净交易头寸设定的限额。

（2）风险价值限额是指对基于量化方法计算出的市场风险计量结果来设定限额。

（3）止损限额是指所允许的最大损失额。

（4）敏感度限额是指在其他条件不变的前提下，对单个市场风险要素的微小变化对金融工具或资产组合收益或经济价值影响程度所设定的限额。

2. 风险对冲

利用金融衍生产品等金融工具，在一定程度上实现对冲，即当原风险敞口出现亏损时，新风险敞口产生盈利，并适当抵补亏损。

（三）流动性风险的应对策略

商业银行流动性风险主要体现在自身融资能力方面和市场变现流动性方面，主要通过限额管理、日常资金头寸管理、应急管理三方面的手段防控。

1. 限额管理

根据监管要求、内部管理目标，商业银行可对个别业务的流动性风险管理指标设置限额。

流动性风险限额包括监管部门设立的监管指标限额、内部管理指标限额。

内部管理指标限额根据货币政策和市场资金环境、商业银行自身的战略目标和实际业务能力状况（如业务策略和活动、风险承受能力、融资能力、限额使用效率、收益能力等因素）设定，按年进行重检和调整。

2. 日常资金头寸管理

日常资金头寸管理作为流动性风险管理的基础工作，核心任务是以合理成本及时获得资金，确保具有充足的流动性头寸，及时满足支付需求。

商业银行一方面要保持足够的头寸，满足日常和临时性的清算支付需要，另一方面又要提高资金周转率和利用率，减少低收益资金占用，将支付资金保障金控制在合理范围内，这是日常资金头寸管理的基本要求。

日常资金头寸管理的具体内容包括头寸分级管理、确定每日资金融资进出安排、日间头寸监控等。

3. 应急管理

当出现应急状况，如本机构发生挤兑事件、母公司或集团内其他机构出现流动性危机、流动性临时中断、信用评级大幅下调、出现重大声誉风险、交易对手大幅减少融资金额、主要交易对手违约或破产、特定的流动性风险内部监测指标达到触发值等，这些状况可能导致流动性风险传染、市场大幅震荡、流动性枯竭，因此要针对以上潜在风险事件提前制订流动性应急计划。

（四）操作风险的应对策略

操作风险的应对策略见表 8.6。

表 8.6　操作风险主要应对策略

主要策略	具体内容
操作风险环境控制	操作风险环境包括公司治理、内部控制、风险文化三要素，通过对这三要素的控制应对操作风险
操作风险缓释	业务连续性管理计划：业务和技术风险评估、面对灾难时的风险缓解措施、常年持续性 / 经营性的恢复程序和计划、恰当的治理结构、危机和事故管理、持续经营意识培训等
	商业保险
	业务外包

（五）国别风险的应对策略

实践中，国别风险常用计提国别风险准备金、转移风险等手段应对。

1. 计提国别风险准备金

国别风险准备金是商业银行资产减值准备的组成部分，是会计处理上计提的用于吸收国别风险导致的潜在损失的资产减值准备。

一般来说，会对信贷资产（如各类境外贷款、各类境外垫款、其他贸易融资等）、债券投资（如境外发行的可供出售债券、持有至到期投资等）两类资产计提国别风险准备金。

2. 风险转移

风险转移是指境外债务人通过风险转移手段将银行业金融机构持有境外债权的国别风险部分或全部转移的行为。具体包括由第三方提供的有法律效力的保证、保险、信用衍生产品、合格抵质押品等。

（六）其他主要风险的应对策略

商业银行其他风险的主要应对策略如表 8.7 所示。

表 8.7　商业银行其他风险的主要应对策略

商业银行其他风险类别	应对措施
银行账户利率风险	（1）完善银行账户利率风险治理结构。一是组建专门负责银行账户利率风险的管理委员会；二是组建专职人员预测利率变化并推出相应的策略；三是规范银行账户利率风险管理操作程序；四是加强人员培训。 （2）加强资产负债匹配管理。 （3）完善商业银行的定价机制。 （4）实施业务多元化的发展战略

续表

商业银行其他风险类别	应对措施
声誉风险	（1）设立声誉风险事件应急管理机构，各个分支机构要有声誉事件处置工作小组。 （2）制订声誉风险应急方案，优化应急处置流程，定期开展应急预案演练。 （3）发生风险事件时快速做出应急反应，尽量缩短报告路线和处理时间，做到职责明确、路线清晰、操作性强，尽力消除不良影响。 （4）善用各种渠道，在问题发生时及时消除公众的疑虑和不满，避免负面报道、传闻产生不利影响
战略风险	测算综合平衡成本与收益，拟订风险状况处置方案。 中度风险和低风险一般由风险管理职能部门拟订处置方案，待高级管理层审定后，由风险因素相关部门具体实施，形成处置结果报告并及时向高级管理层汇报。高风险一般由风险因素相关部门拟订处置方案，待高级管理层或董事会审定后，高级管理层组织相关部门具体实施，形成处置结果报告并及时向董事会汇报

拓展阅读资料

硅谷银行破产对中小银行的声誉风险启示

在移动互联时代，从重大声誉风险到银行破产危机往往只有一步之遥。

从股价大跌带崩美国股市，到宣布倒闭和被接管，硅谷银行经历这一切只用了48小时。硅谷银行为何会沦落至此？

不难发现，声誉风险再次发挥了导火索和加速器的作用。一家资产超过2 000亿美元、市值超过150亿美元的大中型银行瞬间轰然倒塌，对商业银行的声誉风险管理而言，非常值得深思。

一切源于硅谷银行的一纸公告。

2023年3月9日，硅谷银行突然宣布，出售其所有210亿美元的可销售证券，并将因此遭受18亿美元的亏损，还计划通过出售普通股和优先股募资22.5亿美元，从而避免流动性危机。

此信息一经披露，立即引起主要财经媒体的关注，随即引发投资者恐慌性抛售，硅谷银行股价暴跌。

截至3月9日收盘，硅谷银行暴跌60.41%，创1998年以来最大跌幅。自此，硅谷银行的重大经营风险转化为声誉危机，迅速引发客户挤兑。

美国监管文件显示，投资者和储户3月9日试图从硅谷银行提取420亿美元（约合人民币 2 900 亿元），这是 10 多年来美国最大的银行挤兑事件之一。同日，该银行的现金余额为负 9.58 亿美元。

3 月 10 日，硅谷银行在盘前交易中股价再度下跌 63%，随后进入停牌状态，但是市场恐慌情绪仍在蔓延。随后，美国联邦存款保险公司发布声明，由于流动性不足和资不抵债，美国硅谷银行被迫关闭，这意味着，硅谷银行成为 2008 年金融危机后被接管的最大一家美国银行。

硅谷银行作为一家上市银行，在面对经营风险和预期亏损时进行披露，这一动作并无差错，也无法避免。但问题在于，如果硅谷银行能提前评估披露的巨额亏损会给各主要利益相关方带来何种反应，这样的反应对硅谷银行意味着什么，就可促使其在信息披露前，做好更加充分和有针对性的准备。

在移动互联时代，银行危机管理面临更加严峻的挑战，既要应对流动性危机和股价大幅下跌，又要在短时间内拿出危机化解方案，同时还要寻求中央银行的流动性支持，让监管方认可危机化解方案，并提供相应支持……显然，在短短 48 小时之内完成这些工作，是一项艰巨的挑战。

因此，唯有在披露风险信息之前，做好更充分的危机应对准备，才有可能度过危机。

比如，面对即将遭受的 18 亿美元的损失，硅谷银行仅通过出售普通股和优先股募资的 22.5 亿美元这一利好，不足以填补和对冲出售金融资产带来的负面冲击，必须通过筹集更多资本来增强投资者和客户的信心。

再比如，必须前置化进行公关准备和媒体沟通，通过多渠道披露有利信息和媒体报道，让投资者和客户判断其因利差风险引发的损失可控，才有可能降低他们的反应程度。

如果硅谷银行能以上述行动延缓和稀释风险信息披露带来的压力，势必可以降低重大声誉风险发生的概率。

然而，现实是，美国硅谷银行破产的影响还在持续，3 月 12 日，美国财政部、美国联邦储备委员会和美国联邦储蓄保险公司发布联合声明宣布，总部位于纽约市的签名银行已被当地监管机构关闭。这是 3 天内美国监管机构宣布关闭的第二家银行。

尽管美国多个部门联手为硅谷银行、签名银行储户提供支持，但更多地区性银行爆雷引发了投资者恐慌和抛售。

3 月 13 日美股开盘，三大指数集体低开，道琼斯指数下跌 0.89%，纳斯达克指数下跌 0.87%，标普 500 指数下跌 0.99%。多家银行股暴跌，第一共和银行停牌，开盘跌 67% 创历史最大跌幅。西太平洋合众银行盘初触发熔断，此前跌约 35%；美国阿莱恩斯西部银行停牌。

由此事件，反观我国农村金融领域，不难发现，当发生区域重大风险事件或挤兑时，农村金融机构往往很难独善其身，受到影响的群体不仅限于该区域，还会波及整个农信系统的品牌和声誉。

例如，在2023年河南村镇银行事件发生期间，区域内多家与涉事村镇银行没有关联的村镇银行和农商银行，在风险发酵中也经历了客户的信任危机，不同程度地出现了提前支取定期存款或者转移存款的情况。

因此，在移动互联时代，农商银行等中小银行应更加重视金融风险带来的传导压力，共同维护好品牌声誉，做好声誉风险的评估和管理。

与此同时，硅谷银行倒闭，也让我们从更深层次认识到，声誉风险的本质是什么。

近年来，我国中小银行发生的一系列重大声誉风险事件，几乎都与各家银行在经营、管理上长期积累的风险有关。

对此，中小银行必须定期排查、审视自身在经营管理中存在的问题，充分考虑声誉风险对相关重大风险的影响。开展声誉风险评估，并做好预案和应对准备，防止声誉风险成为银行危机的导火索。

此外，针对潜在重大风险，中小银行要按照监管要求开展压力测试，并且在开展各项风险的压力测试时，将声誉风险纳入其中。

唯有未雨绸缪，才有可能真正远离声誉风险危机。

本章测试

思考题：

1. 商业银行风险管理的含义是什么？
2. 简述商业银行风险的种类。
3. 简述商业银行风险管理的职能部门设置及其风险管理运作模式。
4. 主要风险的计量模型有哪些？有何优缺点？
5. 简述商业银行风险管理的“全面风险管理原则”。
6. 简述风险管理的主要方法。

实操题目：

1. 小组合作调研一家商业银行，了解该银行的风险管理流程及主要应对措施，完成一份实践报告，报告包含以下内容：

（1）调查并总结该商业银行面临的风险种类、主要风险管理策略。

（2）通过分析该商业银行的信用风险管理，谈一谈你对该行信用风险管理的建议。

2. 完成本章情境引入中的问题。

第九章
商业银行客户关系管理

本章学习目标

理解商业银行客户关系管理的含义。

掌握客户关系管理在商业银行经营中的作用。

能够按照流程开发商业银行客户关系。

能够维护商业银行客户关系。

本章知识思维导图

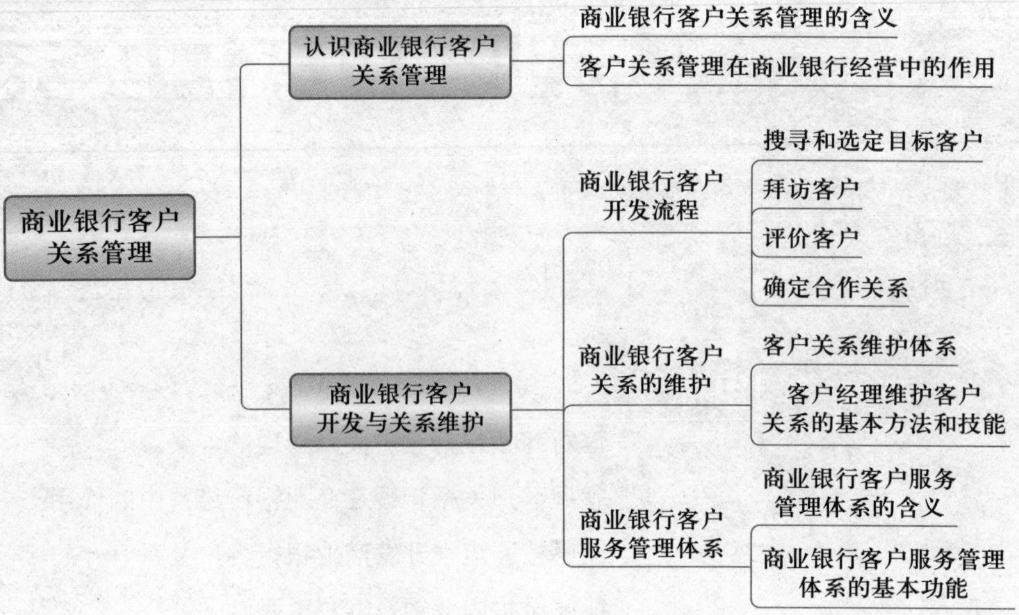

本章关键术语

客户关系管理　客户关系开发流程　搜寻目标客户　拜访客户　评价客户　合作关系　客户关系维护体系　客户服务管理体系

本章情境引入

情境引入微视频

新上岗的客户经理小王，正在与部门经理沟通新客户开发的问题。经理说："希望你主动寻找新客户，将我们最新推出的小微企业贷款产品有针对性地拓展市场。"假设你是客户经理，该如何根据产品类型开发客户，过程中可以采取哪些方法和技巧呢？

第一节

认识商业银行客户关系管理

一、商业银行客户关系管理的含义

客户关系管理（customer relationship management，CRM）是一种新的现代化经营管理理念。该理念将客户资源提升到企业发展的战略性地位，融合了“关系营销”“一对一营销”等现代管理思想，通过科学的客户服务战略，最大限度挖掘客户价值，满足客户需求，从而建立长久、稳定的客户关系。以客户为中心是客户关系管理的核心思想。

商业银行客户关系管理是商业银行通过与客户之间的沟通交流，利用先进的电子信息与互联网技术，收集客户数据并加以分析，及时了解客户需求，加强金融创新，制订个性化实施方案，提供高水平服务，并对自身业务和服务进行及时改进与提高，以此维系并巩固老客户，赢得并发展新客户，最终实现银行核心竞争力增强、客户满意度提高的双赢。

二、客户关系管理在商业银行经营中的作用

优质客户资源具有较好的发展前途，是商业银行重要的资源，他们带来的巨大效益也是商业银行的盈利目标，如何与客户保持紧密联系并满足客户需求是商业银行取得进一步发展的重点。

（一）客户关系管理是应对激烈市场竞争的必然选择

针对国内金融市场广阔的发展前景，国内外金融机构纷纷进驻，国内金融行业竞争非常激烈，银行买方市场的地位将成为常态。此外，伴随着近年来互联网金融的飞速发展，以支付宝、微信为首的互联网巨头通过庞大的用户基数、先进的移动信息技术，深刻影响了金融行业的运作模式。在竞争激烈的市场环境下，客户拥有了更多的选择，具备了较强的议价能力。因此，

想要在激烈的竞争中处于有利地位，必须实施并完善客户关系管理，多种渠道获取客户信息，进行分析、挖掘、预测，精细化客户分类，建立客户价值评价体系，对客户开展针对性营销策略，根据每个客户具体情况提供个性化服务方案，这将是商业银行应对激烈竞争、扩大市场份额的必然选择。

（二）客户关系管理是提升经营管理水平的必然选择

科技进步、社会发展推动了信息和知识经济时代的到来，社会生活生产方式发生了翻天覆地的变化。在市场经济快速发展、地方经济规模稳步增长的经济环境下，在人口、教育、文化及风俗等社会环境因素影响下，客户对于更优质、快捷、个性化的产品和服务需求不断攀升，传统被动型经营模式已无法跟上时代步伐，同时强监管的政治、政策环境对商业银行的经营管理提出了更高的要求。只有快速响应市场需求，加快业务创新和流程优化，提升经营管理水平，才能快速抢占市场，实现盈利目标。通过客户关系管理的实施，商业银行可以打破系统和业务的局限，充分利用经济环境优势，结合多方面社会环境因素，有效整合内部资源，全面集成管理存量客户和潜在客户，将银行经营管理活动与客户满意度联系在一起，从而在降低运营成本、提高整体经济效益的同时提高自身经营管理水平。

（三）客户关系管理有助于提高核心竞争力

在当前科技快速发展的环境下，商业银行的核心竞争力包括信息与专业优势、市场开拓的能力以及完善多元的交易网络等方面，是应对外部竞争和优胜于竞争对手的能力合集。目前，金融市场的竞争已不再是简单的金融产品的竞争，个性化的金融服务、针对性的定制产品逐渐成为核心竞争力的体现。随着科技信息技术的不断发展，银行的科技革新给银行客户关系管理提供了技术支持。商业银行通过 CRM 系统的建立和完善来实施客户关系管理，能够实现先进的经营理念和发展战略，优化职能架构和组织体系，形成高效的信息系统，提高产品开发、创新及营销能力。通过数据整合，准确定位客户，跟踪客户需求的变化，分析总结不同类别客户偏好和特点，有针对性地进行产品创新，建立营销渠道优化策略，有效预测客户产品购买和交易行为，实现精准营销。以市场为导向，以客户为中心，统筹规划，把握市场需求，进一步优化业务流程，整合资源体系，为提高核心竞争力提供强有力保障。

第二节

商业银行客户开发与关系维护

一、商业银行客户开发流程

客户开发的流程一般由以下环节构成：搜寻和选定目标客户、拜访客户、评价客户、确定合作关系等。客户开发流程如图 9.1 所示。

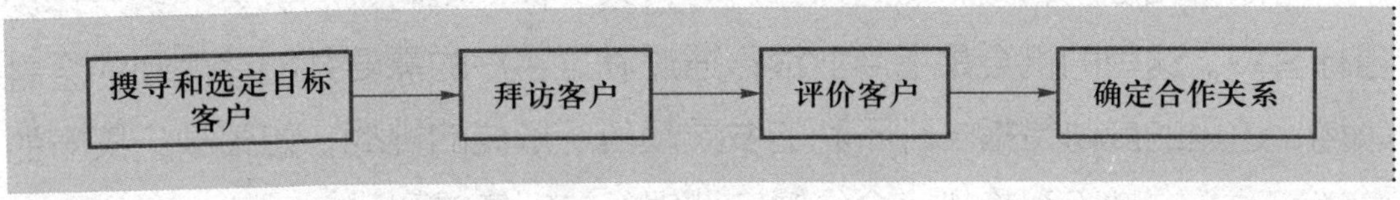

图 9.1 客户开发流程

（一）搜寻和选定目标客户

1. 搜寻目标客户的方法

商业银行搜寻目标客户的方法主要有客户自我推介法、介绍法和直接法。

（1）客户自我推介法。它是指客户主动找上门来，与商业银行建立业务关系。这类客户一般都急需商业银行的金融产品或服务，并被商业银行良好的形象、高效便利的服务、独特的金融产品所吸引。因此，商业银行应采用多种促销策略，树立良好的公众形象，利用特色金融产品或服务吸引更多客户。

（2）介绍法。它是指中介机构（或中介人）向商业银行介绍客户。中介机构（或中介人）提供客户的简要情况，商业银行的客户经理通过中介机构的介绍与客户取得联系，营销金融产品或服务。这种方法可增强被介绍客户的可信度，减少盲目性。

（3）直接法。它是指客户经理主动寻找新客户，通过各种渠道直接与陌生客户接触、洽谈、拓展新客户，开发潜在市场，建立营销网络。客户经理可在一定区域内，通过逐一拜访来搜寻目标客户，亦可向现有客户向上或向下延伸，来寻找目标客户。这种方法主动性较强，在客户开发中应用最多。

2. 商业银行选择客户的标准

商业银行应首选对自己具有长远利益影响的客户，筛选的标准是：

（1）客户的业务规模；

（2）客户对相关群体的影响力；

（3）客户的相对稳定性；

（4）为争取这类目标客户同业竞争的激烈程度；

（5）客户的增值机会；

（6）发展客户的成本；

（7）客户未来发展的可能性。

3. 选择目标客户的方法

商业银行选择目标客户的方法可采用“机会－威胁”分析法，即先确定机会因素和威胁因素，然后再通过分析来选择低威胁、高机会的客户作为目标客户。这里的机会是指商业银行通过满足客户的需要并能够盈利的金融领域；这里的威胁是指一种不利的发展趋势所形成的挑战，如果缺乏果断的营销行动，这种不利趋势将会侵蚀商业银行的销售或利润。

对于一个潜在的客户列出所有的机会因素和威胁因素，经过“机会－威胁矩阵图”分析可列出如下四种情形供选择：机会大、威胁高的客户；机会小、威胁高的客户；机会大、威胁低的客户；机会小、威胁低的客户，如图 9.2 所示。其中第三种情形最为理想，可列为目标客户。

图 9.2 机会－威胁矩阵图

	机会大	机会小
威胁高	Ⅰ	Ⅱ
威胁低	Ⅲ	Ⅳ

4. 收集目标客户信息

准确的信息资料有助于判断目标客户的价值，降低商业银行开发新客户的风险。因此，客户经理应收集的目标客户的信息主要有：目标客户主要决策管理者的情况；目标客户所在行业情况；目标客户基本情况；目标客户关联企业的基本情况；目标客户与其他金融机构开展业务的情况。

收集目标客户信息的渠道主要有：目标客户自身的宣传资料、上级主管部门、综合性的行政管理部门、行业协会和学会、其他银行、传播媒介、公开出版物、中介机构和目标客户的相关群体等。

5. 制订客户开发计划

目标客户一经确定，客户经理就应对客户背景资料记录及相关信息进行分析，拟定开发计划，制订开发方案及开发的具体步骤。开发计划中要具体列出开发工作目标，开发策略及时间安排。

（二）拜访客户

客户经理发现目标客户后，就应着手进行销售访问，拜访客户，以便达成双方合作意向，实现销售目标。为确保拜访取得预期效果，更具有针对性，拜访前要做好精心的安排和准备。

1. 制订拜访计划和拜访方案

拜访计划的内容主要包括：参加拜访的人员及分工；拜访的时间、地点；拜访的方式；需要向客户了解的情况；目标客户最需要的金融产品或服务的，从中能得到的利益；未及时满足的金融需求；拟向目标客户介绍的情况，提供的宣传资料；目标客户可能提出的疑问及解答方式。

2. 预约拜访

预约的内容包括：拜访的时间、地点、人数，拜访的人员构成，拜访的主要内容。

预约的方式包括当面预约、电话预约、传真或信函预约、委托他人预约等。

3. 实地拜访客户

在拜访目标客户时，客户经理要努力营造一种融洽气氛，首先要让对方能接受和认同自己，以利于下一步开展业务。其具体做法如下。

（1）通过寒暄与介绍，营造融洽气氛。双方寒暄与介绍的正式程度和时间长短，依双方关系的性质而定，力求初次见面给客户留下良好的第一印象。介绍一般包括：第一，客户经理与拜访者的自我介绍。第二，对客户感兴趣的商业银行业务和金融产品与服务的介绍，同时着重介绍本银行这方面金融产品和服务的比较优势、超值服务和特色，以激发客户的购买欲望。介绍的内容与形式，要视当时的具体情况而定。

（2）拉近与客户的距离。如果在介绍时尚未进行到第二项内容，则可以谈论一些与拓展业务无关的客户感兴趣的话题，寻求与客户相同或相近的风俗习惯和社会文化背景，以迅速拉近彼此的心理距离。

（3）陈述此行的目的，切入主题。经过上述“铺垫”后，客户经理应简要说明此次拜访的目的，通过客户可能感兴趣的话题来衬托对此次拜访目的的阐述。客户关心和可能感兴趣的话题一般有：有利于改善客户生产经营状况及市场形象；有利于客户采用新技术、新工艺、新方法；可帮助客户解决现存问题的途径和构想；提供给客户避免风险损失发生的机会；有利于客户的市场信息等。

（4）了解客户需求，明确客户动机。通过客户经理主动提出问题，鼓励客户谈论他所开展的业务、目前的经营状况、业务关系、内部管理、今后的发展计划和战略、需要的外部条件等。通过提问、观察、倾听和综合分析，从中了解客户已有什么、还需要什么、应改进什么；在已使用的金融产品和服务中，客户的偏好是什么，希望做哪些改进等。

客户改善现有状况的动机包括：提高效益、改善经营状况和公司形象、采用新技术、解决现存问题、避免风险损失、获取对公司有价值的信息等。客户经理应积极引导，使双方的交谈紧紧围绕上述内容展开，了解客户真正的需求所在。

通过上述交谈，客户经理基本可以确认如下几个问题：一是认定客户。该客户是否值得开发，是优良客户还是一般客户。二是掌握客户的现实需求和潜在需求。三是了解客户对所使用的金融产品和服务的满意度。四是挖掘出客户还有哪些需求尚未得到满足，以发现新的市场机会。五是检测客户的理解与认同程度。该客户若是值得开发，便可进入下一个阶段。

（5）推介金融产品。在了解客户的需求后，向客户推介产品时，客户经理要帮助客户正确理解与其经营状况相关的金融产品。既要说明银行金融产品的特色，又要指出与其他银行同类金融产品相比较的优势，更重要的是要强调本银行金融产品能给客户带来什么利益、所带来的利益有多大。

（6）交换材料，就进一步合作做出安排。如果客户接受了金融产品推介，客户经理就应针对使用本银行金融产品的要求、应具备的条件、相互间的利益等及时进行总结，交换有关材料，商定未尽事宜及下次约见的安排。

客户经理在访问结束后，应填制拜访总结表，以备查对和积累客户开发经验。对于重点客户的拜访情况，应尽快撰写拜访报告；针对目标客户的基本情况和下一步的工作重点，提出建议，提交上级领导批示并作为其决策的参考。

（三）评价客户

客户经理应根据已掌握的信息材料对客户做出客观、科学的分析评价。以评判客户的价值和与之合作的价值，并由此决定商业银行同客户合作的深度和广度。

评价客户主要从以下方面进行。

1. 财务评价

通过客户近 3 年的财务报表、审计报告等材料进行分析，评价客户财务结构的合理性、稳定性及变动趋势；评价客户的盈利能力、偿债能力及发展趋势；评价客户的现金流量及变动趋势。

2. 非财务因素评价

非财务因素评价，主要是对客户的资信、经营管理和市场状况等方面做出分析评价。

客户资信状况的评价主要包括：客户在开发银行的信用状况；有无违约记录；履约及隐蔽负债的情况；有无经济纠纷和经济处罚等其他重大事项。

客户经营管理的评价主要包括：对领导层的评价，从其知识结构、工作经历和业绩、道德品质、法制观念、开拓创造能力、团结协作能力、组织能力和科学决策水平等方面进行；经营业绩分析，主要考察经营业绩在行业中的水平；生产经营评价，工业企业从采购、生产和销售等方面进行，商业企业从进、销、调、存等方面进行；管理水平评价，主要评价管理制度结构的合理性；经营机制评价，主要从经营管理体制和企业发展战略等方面进行。

市场状况的评价主要包括：市场的状况及发展前景评价；产品竞争力评价；市场占有率评价等。

3. 综合分析评价

在完成对客户有关财务和非财务因素评价后，应对客户价值进行综合分析评价，以确定客户价值的大小，从而确定客户是否为目标客户。

（四）确定合作关系

1. 明确合作领域

在对目标客户做出科学、合理的价值评价后，如果确定该客户有可能发展成为合作伙伴，则应进一步与之加强沟通和接触，以摸清客户的详细需求。在此基础上，客户经理方可向客户提出双方可能合作的项目和领域。

（1）确定合作领域的基本原则。一是客户规模的大小；二是客户所属行业；三是客户特性；四是客户发展阶段；五是客户对本银行服务的需求急迫程度；六是银行自身的服务能力和服务范围。

（2）向客户推介合作领域。客户经理应针对客户的具体情况和需求，对所提供的金融产品和服务进行有机的组合包装设计，征求客户意见，获得客户认可，以达到最终合作的目的。

在这里，需要明确的问题有四个：一是要建立什么样的合作关系，是长期还是短期或是临时的；二是合作的范围，是全方位合作还是单项合作；三是合作的方式，是等客户上门还是服务到家；四是合作的时间，即何时开始合作。

2. 正式建立合作关系，签署合作协议或合同

银行与客户建立正式合作关系的必备条件包括：一是双方签署了合作协议及其相关合同文本；二是客户经理（及银行的有关领导）与目标客户的法人代表（或有关负责人）建立了良好的个人关系；三是客户在本银行已开立了基本账户或辅助账户；四是银行与客户建立了全方位的相互依存的关系；五是客户大量、连续、持久地使用本银行的金融产品和服务。如果商业银行既能满足目标客户的现实金融需求，又能开发和引导目标客户的潜在金融需求，银行与客户之间即建立了正常的合作关系。这种合作关系的确定，可以通过商业银行与客户商谈达成口头协议，亦可通过签署书面协议或合同的形式加以确定，以明确双方的权利和义务。

二、商业银行客户关系的维护

客户关系维护是指客户经理运用各种工具，采取各种方法维护并扩大银行与客户的合作关系，留住现有客户，增加回头客，发展新客户的技术方法。

这里的“维护”主要是对核心业务和重点客户关系的维护，其中还须对附加产品和人际关系进行维护。维护的目的在于保持和扩大这种合作关系，并建立商业银行与客户互惠互利的长期稳定的合作关系。在客户众多的情况下，客户经理不可能平均分配精力来维护每一位客户，应按 20：80 的定律，重点维护那些能给商业银行带来 80% 利润的 20% 的优质客户，还包括那些有潜力的客户、业务量很大的客户、长期与之合作的客户以及难打交道的客户等。

（一）客户关系维护体系

1. 维护操作体系

（1）前台维护操作体系。前台维护操作体系是指客户可见部分，由操作人员和前台设施两个部分组成，前台维护操作体系对客户关系的维护可以通过提高前台操作人员的操作技术、职业素质和文化修养为客户提供优质服

务，保证维护的质量，使客户满意。

（2）后台辅助系统维护。后台辅助系统维护是指客户无法看到的部分，由设备、技术和相关职能部门等组成。后台辅助操作系统对客户关系的维护可以通过加强后台管理提高工作质量和效率，以良好的技术设备和对前台的服务支持前台的工作，充分发挥对客户关系间接维护的作用。

2. 维护营销体系

维护营销体系包括维护工作人员、维护设施和设备、维护非人员沟通和人员宣传系统。

3. 维护客户平台系统

随着电子技术、通信技术和网络技术的进步，商业银行与客户的联系方式逐渐由传统的柜台、业务室和客户室转变为客户平台系统。该系统以电子计算机网络通信技术为基础，按照同一号码、同一界面、同一功能、同一标准的原则建立，它不受时间、地点限制，运转高效，是一种能全面受理业务咨询、理财服务、业务交易和客户申述的人机交互式的处理系统。

（二）客户经理维护客户关系的基本方法和技能

1. 维护客户关系的基本方法

（1）追踪制度。金融产品追踪工作目标是保证并提高客户使用商业银行提供的金融产品的满意程度，维护银行与客户关系的正常化及其稳定和发展，具体做法如下。

① 向客户提供各种有价值的信息。如客户产品的市场信息、有关的宏观经济信息、新的业务机会、金融政策和金融宏观调控信息、金融产品创新信息等。

② 在向客户提供金融产品过程中，要讲求质量和效率，重视附加产品即金融服务给客户带来的利益，力求让客户满意。

③ 通过电话、信函、电子邮件等途径与客户保持联系。

④ 随时将银行业务新品种及内部管理方法的最新情况通告客户。

⑤ 每次追踪活动结束后尽快更新原有的客户记录。

⑥ 经常开展客户经理之间维护客户关系的经验交流活动。

⑦ 对客户的决策、财务结构、运行状态进行检测，并及时做出反应和调整。

⑧ 根据客户情况安排追踪活动。

（2）温情追踪。当客户购买和使用的商业银行的金融产品与服务，或对其工作提出意见时，客户经理都要心存感激，并将这种感激之情通过电话、微信、短信、电子邮件等方式传递给客户。在传统节日和客户特殊纪念日等，不失时机地送上一份能传情达意的礼物，让客户感到商业银行人性化服务的温馨。

（3）产品跟进。银行与客户之间的关系是利益关系，从这个意义上讲，只有依靠高质量的产品服务和必要的感情交流等方式来维系，才能保证客户不丢失。其具体做法：一是恪守信用。只要是向客户做出的承诺，就必须守信，并且使客户满意。如遇特殊情况导致产品服务跟不上，客户经理必须主动向客户说明原因，表示歉意，以取得客户谅解。二是不断创新。这里的创新是指产品的创新和服务的创新。每当商业银行有新产品推出，客户经理就应向客户积极推介，以满足客户不断变化的新的需求，吸引客户。

（4）扩大销售。扩大销售是指向客户提供其他金融产品或服务，以增加客户对金融产品或服务的消费量。其具体做法有：一是通过开发提高业务活动一体化和客户便利程度的产品，来扩大同客户的合作范围，以增加金融产品的销售；二是深入了解客户的现实需求和潜在需求，对现有的金融产品和服务进行配套组合，以扩大产品销售。

总之，通过采取各项措施，让客户对商业银行的金融产品、金融服务和所提供的金融支持感到满意和心理上的满足，从而树立商业银行的品牌形象，培养客户的忠诚度。

2. 维护客户关系的技能

客户经理应具备的维护客户关系的技能主要有：

（1）拜访维护。拜访维护是对现有客户的再拜访。其具体做法有：一是再拜访前，应详细阅读客户档案，确定客户现已有什么、还需要什么，从中发现市场机会；根据前次拜访记录，分析和评估与客户的现有关系；二是在访问时，应征询客户对使用本行金融产品的意见及对前期双方合作的看法；三是提高拜访的频率。

（2）上门维护。上门维护是客户经理改善客户关系最常用的方式，内容包括上门取单、送单、提供咨询服务、帮助客户理财、推销金融产品、开发新客户、收集和反馈各种信息。

（3）差别维护。差别维护是针对不同类型、对商业银行有不同价值的客户，根据其对金融产品需求的差异性提供不同的产品内容或金融产品组合，提供个性化服务。对黄金客户、优质客户、重点客户和高价值客户进行重点维护；对于一般客户、普通客户进行常规化维护。

（4）机制维护。机制维护是指通过建立银行与客户之间的双向沟通机制来维护双方的关系。其具体做法是：客户经理在做好对客户关系维护的同时，还应注意做好本银行高层领导与客户单位高层领导之间的协调，加强沟通与交流，由此建立一个双方关系的高端维护机制，以确保商业银行和客户关系长期稳定健康发展。

（5）知识维护。知识维护是向广大客户宣传普及金融知识，宣传金融创新产品和服务，宣传金融法规和政策，唤醒和启迪广大客户的金融意识，刺激广大客户的金融需求，以实现销售金融产品和开发新市场的目的。

（6）顾问式推销维护。顾问式推销维护是一种以推销与顾问的双重身份，通过对客户进行业务指导，为客户提供有价值的信息，增进银行与客户利益共同体的关系，以求达到维护双方长期合作的业务关系，并实现双方的互利互惠。

（7）超值维护。超值维护是向客户提供超出其心理预期、具有人情味的服务。其具体做法有：一是注重对客户的感情投资，在常规的金融维护之外，积极关注并随时帮助客户解决日常工作生活中遇到的问题；二是让客户感受到为其提供服务的文化品位，使其感到与众不同，达到心理上的满足；三是依靠优质的服务环境、温馨典雅的氛围、高度的敬业精神、高超的业务技能、良好的修养来感召客户。

（8）产品交叉销售维护。产品交叉销售维护是指商业银行通过将同一类别的金融产品与其他系列的性质相似的产品进行交叉配套，组成“套餐”，销售给客户；同时，提供高质量的服务维护。往往是客户在一家银行购买的金融产品和从中得到的高质量服务越多，其转到同业竞争对手那里的可能性就越小。因此，作为争夺客户的有效手段之一，当客户到本行开立一个账户时，商业银行就应当努力争取为该客户提供尽可能多的金融产品“套餐”和优质服务。

三、商业银行客户服务管理体系

（一）商业银行客户服务管理体系的含义

商业银行客户服务管理体系不仅是一套软件、一项技术，也是一套银行内部的原则制度，建立的主要目的就是银行工作人员通过适当的渠道，在适当的时间将适当的产品推介给合适的客户。通过该体系的使用，可以有效提高银行前台业务的整体运作效率。因为有了该体系的存在，客户的相关信息都可以完整地存入数据库中，并且系统会整理、分析客户信息。通过客户数据的分析结果，就能够准确预测客户的发展前景，同时银行可以通过客户管理系统来为客户量身打造定制化的金融策略，使一系列复杂的销售过程得以实现。银行客户服务管理体系的建立，不仅可以使银行简化管理类流程，拉近与客户之间的距离，了解客户需求，而且能够在为客户服务的时候，更为合理地分配资源，为客户提供更高质量的服务。银行客户服务管理体系对于银行的宣传也能起到积极作用，从而有助于降低市场营销成本、提升利润、扩展业务范围、搜寻新的市场和渠道以及获得客户的最大价值和忠诚度。

（二）商业银行客户服务管理体系的基本功能

银行客户服务管理体系是一个能为客户提供基本金融服务、收集整合客户信息数据、制定金融策略、发现潜在客户、在线交流服务的综合性系统。通过分析银行客户服务管理体系便能够在客户经理和客户之间顺利地建立起紧密联系，来保证对客户提供最专业化的服务。银行客户服务管理体系中有以下几个功能模块。

1. 银行客户管理模块

银行客户管理模块的主要功能是管理银行客户的基本信息。系统将会收集管理客户相关的数据信息、客户与银行客户经理的交流记录、开办具体金融业务的情况等。另外，可以为银行发掘和管理潜在客户。系统会针对新加入的客户提供一系列服务，记录客户的数据信息，从而发掘具有价值发展潜力的客户。

2. 银行信息管理模块

银行信息管理模块的主要功能是：给银行客户提供最有价值的信息，便于客户掌握最前沿的金融资讯。同时，本功能还将支持客户与客户经理、客户与客户之间的即时通信，让客户有一种极强的归属感，从而提高客户的忠诚度。

3. 银行业务分析模块

银行业务分析模块的主要功能是对客户办理使用业务进行分析和处理。经系统分析处理后的结果，将成为进一步为客户进行定制化服务的可靠依据。

客户经理的素质要求

客户经理的工作性质决定了其必须具备良好的品德素质、业务素质、人际沟通素质及心理素质。

1. 品德素质

（1）具备良好的职业道德和敬业精神，爱岗、能吃苦耐劳、有责任心、事业心、进取心和纪律性。

（2）能把强烈的社会责任感和使命感融入为客户的竭诚服务中；尽最大可能向客户宣传商业银行的文化。

（3）诚实守信，全心全意为客户服务，不做误导性或不诚实的业务介绍，也不随意承诺，更不能超越权限行事。

（4）具有团队精神，与员工相互配合，做好上下协调、内外沟通。

（5）个性开朗、坚毅、不气馁。

（6）努力主动工作，不抱怨。

（7）知法、懂法、守法，自觉约束自己的行为，不做违规业务。

2. 业务素质

（1）愿意接受和面对挑战，求知欲强，善于学习新知识。

（2）以市场、客户为上帝；对市场、客户、新技术、新产品等方面的变化具有敏锐的洞察力。

（3）具有创新思想，乐于并善于创新。

（4）工作效率高，且具有稳健作风。

（5）具有丰富的营销技巧和经验。

（6）处事果断，善于应变。

（7）掌握商业银行能提供的所有业务和服务的知识，有较宽的知识面。

（8）具备综合分析能力，直觉判断能力和获取信息的能力。

（9）尊重上级，服从安排，但对上级的决策有异议时，能勇敢地提出来。

3. 人际沟通素质

（1）有一定的文化艺术素养，知识面广，具有较为丰富的生活经历。

（2）有良好的形象与气质，仪容衣着整洁，举止稳重大方。

（3）人际交往能力强，具有良好的协调和沟通能力，性格外向。

（4）有灵活的语言艺术。善用诙谐、幽默的语言，能调节与客户会谈时遇到的尴尬气氛；善用委婉的语言来拒绝客户。

（5）善于借用外部资源。

（6）团结同事，善于合作。

4. 心理素质

（1）外向、开放、包容的性格。

（2）对失败和挫折有较强的心理承受能力。

（3）不服输、吃苦耐劳、不断进取。

（4）头脑冷静，不感情用事，善于灵活变通。

本章测试

思考题：

1. 商业银行客户关系管理的含义是什么？
2. 客户关系管理在商业银行经营中的作用有哪些？

实操题目：

1. 根据商业银行客户开发流程，模拟一次客户经理开发客户的情景。
2. 完成本章情境引入中的问题。

参考文献

[1] 陈乃醒. 中小企业信用担保 [M]. 天津: 南开大学出版社, 2004.

[2] 陈向红, 方茁, 王蕾. 农商行网格化管理之术 [M]. 杭州: 浙江工商大学出版社, 2020.

[3] 陈跃雪, 宋雅楠, 邓光娅. 国际结算 [M]. 南京: 南京东南大学出版社, 2020.

[4] 戴国强. 商业银行经营学 [M]. 北京: 高等教育出版社, 2004.

[5] 谷金宏. 商业银行业务与管理 [M]. 北京: 人民邮电出版社, 2014.

[6] 郭德松, 李继志. 金融企业会计 [M]. 2 版. 南京: 南京大学出版社, 2019.

[7] 郭福春, 吴金旺, 申睿. 互联网金融教学案例集 [M]. 北京: 中国金融出版社, 2018.

[8] 韩昭敏. 国际结算与贸易融资案例分析 [M]. 重庆: 重庆大学出版社, 2021.

[9] 胡冬鸣. 活学巧用银行卡 [M]. 北京: 中国财政经济出版社, 2017.

[10] 胡诗阳, 刘媛媛, 杨文君. 商业银行从事理财产品业务的影响因素和经济后果研究 [M]. 重庆: 重庆大学出版社, 2019.

[11] 胡文辉. ATM 自助设备业务发展与管理 [M]. 北京: 中国人民大学出版社, 2020.

[12] 桓宇. 巴塞尔协议下商业银行资本充足率调整行为研究 [D]. 武汉: 武汉大学, 2011.

[13] 黄宪, 代军勋, 赵征. 银行管理学 [M]. 武汉: 武汉大学出版社, 2020.

[14] 货币防伪与反假编写组. 货币防伪与反假 [M]. 北京: 中国金融出版社, 2021.

[15] 李斌. 中国商业银行风险管理流程再造研究 [M]. 北京: 中国社会科学出版社, 2014.

[16] 李晗. 大数据时代网上银行的安全保障义务研究 [M]. 北京: 中国政法大学出版社, 2021.

[17] 梁世栋. 商业银行风险计量理论与实务:《巴塞尔资本协议》核心技术 [M]. 北京: 中国金融出版社, 2011.

[18] 刘孟飞, 张晓岚, 张超. 我国商业银行业务多元化、经营绩效与风险相关性研究 [J]. 国际金融研究, 2012 (08): 59-69.

[19] 乔雪利. 商业银行多元化经营与绩效和风险相关性研究 [J]. 中国商贸, 2013

(19)：178-179.

[20] 若埃尔·贝西．银行风险管理［M］．4版．北京：中国人民大学出版社，2019.

[21] 沈冬军，犹建川，杨光，等．商业银行保证金质押的运行机制与风险管理［M］．北京：中国政法大学出版社，2018.

[22] 宋华．供应链金融［M］．北京：中国人民大学出版社，2021.

[23] 唐士奇．现代商业银行经营管理原理与实务［M］．北京：中国人民大学出版社，2019.

[24] 王海荣，徐旭东，耿成轩．金融企业会计［M］．北京：人民邮电出版社，2017.

[25] 王金安，陈蕾．金融风险管理［M］．北京：中国人民大学出版社，2021.

[26] 王璐．中国民营银行风险管理研究［M］．北京：经济日报出版社，2017.

[27] 王婷婷，李婕，李尚桦，等．金融法学［M］．北京：中国政法大学出版社，2021.

[28] 王卫国．民商法金融法前沿新探［M］．北京：中国政法大学出版社，2022.

[29] 王祖继．大型商业银行风险管理［M］．成都：西南财经大学出版社，2020.

[30] 温红梅，庄岩，王沫．商业银行经营管理［M］．大连：东北财经大学出版社，2022.

[31] 熊建宇．互联网金融营销［M］．北京：中国金融出版社，2017.

[32] 徐爱军．浅谈商业银行表外业务风险监管［J］．金融经济，2012（08）：13-15.

[33] 徐玫．银行营销实务及案例［M］．重庆：重庆大学出版社，2016.

[34] 徐强．金融（证券）投资学实验教程［M］．南京：南京东南大学出版社，2019.

[35] 杨巧，蒋勇．国际结算［M］．南京：南京大学出版社，2019.

[36] 杨新兰．基于风险视角的商业银行资本监管研究［M］．厦门：厦门大学出版社，2018.

[37] 叶征．银行信用风险计量实战［M］．北京：中国人民大学出版社，2019.

[38] 俞滨．小微金融研究［M］．杭州：浙江工商大学出版社，2019.

[39] 岳高社．商业银行业务操作［M］．北京：中国财政经济出版社，2005.

[40] 张洁．移民汇款与经济发展［M］．北京：世界图书出版公司，2021.

[41] 赵玉明，侯新华，李丽．电子商务概论［M］．南昌：江西高校出版社，2019.

[42] 中国银行业专业人员职业资格考试辅导专家组．风险管理［M］．北京：人民邮电出版社，2014.

[43] 周虹．电子支付与结算［M］．2版．北京：人民邮电出版社，2016.

[44] 周夏飞．上市公司归类变更盈余管理研究［M］．杭州：浙江大学出版社，2019.

[45] 朱晓娟，张一强．中国金融法律制度［M］．北京：中国民主法制出版社，2019.

读者意见反馈

为收集对教材的意见建议，进一步完善教材编写并做好服务工作，读者可将对本教材的意见建议通过如下渠道反馈至我社。

咨询电话 400-810-0598

反馈邮箱 zz_dzyj@pub.hep.cn

通信地址 北京市朝阳区惠新东街 4 号富盛大厦 1 座
高等教育出版社总编辑办公室

邮政编码 100029

防伪查询说明

用户购书后刮开封底防伪涂层，使用手机微信等软件扫描二维码，会跳转至防伪查询网页，获得所购图书详细信息。

防伪客服电话

（010）58582300

学习卡账号使用说明

一、注册 / 登录

访问 https://abooks.hep.com.cn，点击“注册 / 登录”，在注册页面可以通过邮箱或者短信验证码两种方式进行注册。已注册的用户直接输入用户名加密码或者手机号加验证码登录。

二、课程绑定

登录之后，点击页面右上角的个人头像展开子菜单，进入“个人中心”，点击“绑定防伪码”按钮，输入图书封底防伪码（20 位密码，刮开涂层可见），完成课程绑定。

三、访问课程

在“个人中心”→“我的图书”中选择本书，开始学习。

如有账号问题，请发邮件至：4a_admin_zz@pub.hep.cn。